U0924968

现代国企的改革探索

——江苏交通控股有限公司的实践

江苏交通控股有限公司　编著

人民交通出版社股份有限公司
北京

内 容 提 要

本书收录江苏交通控股有限公司及下属单位的45个推进国企改革的实践案例，从改革背景、举措、成效三方面进行全方位、多层次、立体化呈现。

本书可供国企经营管理人员参考。

图书在版编目（CIP）数据

现代国企的改革探索：江苏交通控股有限公司的实践 / 江苏交通控股有限公司编著. — 北京：人民交通出版社股份有限公司, 2022.7

ISBN 978-7-114-18055-2

Ⅰ. ①现… Ⅱ. ①江… Ⅲ. ①交通运输业—股份有限公司—国企改革—案例—江苏 Ⅳ. ①F426.9

中国版本图书馆CIP数据核字（2022）第108090号

Xiandai Guoqi de Gaige Tansuo ——Jiangsu Jiaotong Konggu Youxian Gongsi de Shijian

书　　名： 现代国企的改革探索——江苏交通控股有限公司的实践
著 作 者： 江苏交通控股有限公司
责任编辑： 朱明周
责任校对： 孙国靖　宋佳时
责任印制： 刘高彤
出版发行： 人民交通出版社股份有限公司
地　　址：（100011）北京市朝阳区安定门外外馆斜街3号
网　　址： http://www.ccpcl.com.cn
销售电话：（010）59757973
总 经 销： 人民交通出版社股份有限公司发行部
经　　销： 各地新华书店
印　　刷： 扬州皓宇图文印刷有限公司
开　　本： 710 × 1000　1/16
印　　张： 20
字　　数： 251千
版　　次： 2022年 7 月　第1版
印　　次： 2022年 7 月　第1次印刷
书　　号： ISBN 978-7-114-18055-2
定　　价： 88.00元

编　委　会

江蘇交控

PREFACE | 序

栉风沐雨荆棘路，春华秋实绘佳卷。登高望远，党团结带领人民已经踏上实现第二个百年奋斗目标新的赶考之路，统筹中华民族伟大复兴之“全局”和世界百年未有之“变局”成为时代之题。历史经验一再证明，不论面对机遇还是挑战，只有敢于创新、勇于变革，才能把主动权牢牢掌握在自己手中。

习近平总书记指出，国有企业是中国特色社会主义的重要物质基础和政治基础，是中国特色社会主义经济的“顶梁柱”[1]。在实现中华民族伟大复兴的历史征程上，必须有一批国有企业挑重担、扛大梁。国有企业必须摆脱思维定式和路径依赖，坚持改革破题和创新制胜，以自身的高质量可持续发展，为全面建成社会主义现代化强国提供坚

---

❶ 《深入学习贯彻党的十九大精神　紧扣新时代要求推动改革发展》，来源：《人民日报》（2017 年 12 月 14 日 01 版）。

实基础。

作为江苏省属规模最大的国有企业，江苏交通控股有限公司（以下简称“江苏交控”）始终以建设江苏“交通强国示范区”和打造“世界一流企业”为己任，坚持在改革中谋大局、在创新中求突破、在突破中赢得发展先机，取得了一系列改革创新成果。近年来，江苏交控净资产、利润总额和纳税总额等指标始终保持江苏省属国有企业第一，资产质量、经营效率和盈利能力在国内省级交通集团中保持领先，是其中唯一一家年利润持续超百亿的企业，位居全国地方国企前列。江苏交控被评为“全国文明单位”，荣获“全国五一劳动奖状”，公司党委被中共中央授予“全国先进基层党组织”称号。

唯改革者进，唯创新者强，唯改革创新者胜。2020 年 6 月，中央全面深化改革委员会审议通过《国企改革三年行动方案（2020—2022 年）》，形成了进一步落实国有企业改革“1+N”政策体系和顶层设计的具体“施工图”。江苏交控迅速响应中央和江苏省委的决策部署，全面启动国企改革三年行动。全体江苏交控人把创新基因融入发展血脉，不仅完成好规定动作，更是以争当国企改革“尖子生”和“排头兵”的勇气和决心，动真碰硬、攻坚克难，加速形成了自身发展的新优势，开创了改革、发展、稳定相互促进的新局面。2021 年，江苏交控入选国务院国有资产监督管理委员会国有重点企业管理标杆创建行动“标杆企业”。

在改革进程中，江苏交控人勇于突破常规、大胆探索、先行先试，破解难题制约，赢得发展先机。全系统涌现了许多江苏交控典型，总结了许多江苏交控经验，形成了许多江苏交控模式，推动形成了干事创业、竞相发展的良好局面。我们经过深入挖掘和提炼，形成了《现代国企的改革探索——江苏交通控股有限公司的实践》一书，系统地展现了江苏交控在国企改革路上的思索、付出与成效，也希望这些经验做法能为其他企业提供一些思路和启迪。

改革永远在路上，创新没有休止符，江苏交控对现代国企的改革探索绝不会止步于今夕今朝。江苏交控人将以再出发的豪情、奔跑者的姿态、永远在路上的执着，在深化国企改革的道路上保持冲劲、韧劲，踔厉奋发、笃行不怠，坚定不移做强做优做大国有资本，加快打造“国际影响、国内领先的万亿综合交通产业集团”和“世界一流企业”，全力答好“争当表率、争做示范、走在前列”的时代新答卷。

江苏交通控股有限公司党委书记、董事长

2022 年 7 月

CONTENTS | 目录

第一章 完善中国特色现代企业制度

第二章 优化经营布局和结构调整

第三章　健全市场化经营机制

第四章 深化创新驱动和数字赋能

第五章　推进党建工作与生产经营深度融合

第一章 完善中国特色现代企业制度

本章导言

“凡将立国，制度不可不察也。”

习近平总书记在党的十九届四中全会第二次全体会议上的讲话中，引用“凡将立国，制度不可不察也”这句古语，并且指出：“坚持和完善中国特色社会主义制度、推进国家治理体系和治理能力现代化，是关系党和国家事业兴旺发达、国家长治久安、人民幸福安康的重大问题。”[1]在习近平新时代中国特色社会主义思想指引下，国有企业改革取得了重大进展，中国特色现代企业制度正在逐步建立和完善。江苏交控从战略、机制、组织、流程四个切入点入手，在建立和

[1] 《坚持和完善中国特色社会主义制度　推进国家治理体系和治理能力现代化》，来源：《求是》（2020年第01期）。

完善中国特色现代国有企业制度方面进行了积极探索和实践，为企业立足市场潮头保驾护航。

战略引领绘蓝图。“不谋全局者，不足谋一域”。战略目标是企业运营的奋斗纲领，可举旗定向、规划全局，在更宽视野和更高水平上促进全体干部职工思想上的统一、目标上的趋同、步调上的一致。江苏交控抢抓新一轮国企深化改革战略机遇，绘就企业长远发展的美好蓝图，勇于实践、主动作为，坚持“以我为主”，组织年轻骨干编制完成江苏交控“十四五”发展规划，形成“1+N”战略规划体系，为建设“国际影响、国内领先的万亿综合交通产业集团”和“世界一流企业”起好步、开好局、谋好篇。

机制完善添活力。蹄疾步稳方能勇毅笃行，实现国企的长久发展，重点在于夯实制度根基。江苏交控坚持加强党的领导与完善公司治理相统一，以资本为纽带、以产权为基础完善治理结构，形成权责法定、权责透明、协调运转、有效制衡的法人治理结构；推动授权放权改革，让所属企业放活管好；通过建立科学高效的“三重一大”决策机制，配合决策管理系统的数据汇总和动态监测功能，确保重大事项决策更加专业、客观和公正，执行更加高效有力。江苏交控将风险防控作为发展的生命线，不断探索科学精准的风险防控体系，牢牢守住风险防线。

组织变革增动能。为了更好服务企业的战略任务和经营目标，企业组织架构的持续变革必不可少。江苏交控探索“扁平化”“大部门制”“项目制”管理和“事业部制”管控模式，加强路桥企业集约化管理，构建更加科学高效的管控体系；鼓励竞争型企业运用更加精简、敏捷的组织形式，做到经营决策更迅捷、市场应对更灵敏。集团内混合所有制企业发挥国内外一流投资人的“混合”优势，吸收国内外标杆企业的公司治理经验和前沿管理模式。多项目公司运营的企业采用统一运营管理模式，不断提高治理效能，促进企业治理体系和治理能力现代化。

流程再造创价值。企业管理想要迈开步，首先便要起好步，高效、协调、科学的运作流程便是起好步的“工具”。江苏交控坚持成本更节约、管理更高效、人员更精炼的方向，调整资源配置，优化管控流程；培养共享理念，分步探索建设专家指导、业务合作、服务支撑三位一体的“共享中心”，实现业务型管理逐步向价值型创造转变。各治理主体依据权责边界有机协调运转，权利责任实现有效制衡，全面释放企业发展活力。集团所属企业也针对管理流程上低效、重复、无序等问题，探索建立标准更统一、衔接更顺畅、过程更闭环的管理体系，不断从管理中提升效益、激发潜能。

完善公司治理　增加活力动力
打造中国特色现代企业制度的地方国企样板

——江苏交通控股有限公司

一、基本情况

习近平总书记高度重视国有企业公司治理，指出把加强党的领导和完善公司治理统一起来，加快形成权责法定、权责透明、协调运转、有效制衡的公司治理机制，为建设中国特色现代企业制度指明了

江苏交通控股有限公司

方向、提供了根本遵循。近年来，江苏交控深入贯彻落实习近平总书记关于国企深化改革和党的建设的重要指示精神，始终坚持“两个一以贯之”总体要求，构建中国特色现代企业制度，推动党的领导与公司治理深度融合，加快实现治理体系和治理能力现代化，形成灵活高效有活力的经营机制，努力打造出践行中国特色现代企业制度的地方国企样板。

二、经验做法

（一）坚持加强党的领导与完善公司治理相统一，实现“同频共振，互融互促”

一是党的组织框架和公司治理结构有机融合。推动各层级企业落实“党建入章”“双向进入、交叉任职”和党企主要领导“一肩挑”机制，畅通组织内嵌渠道。党委把方向、管大局、促落实，围绕“能不能干”，发挥前置把关、领航定向作用；董事会定战略、做决策、防风险，围绕“要不要干”，发挥治理核心、决策中枢作用；经理层谋经营、抓落实、强管理，围绕“怎么来干”，发挥落地支点、执行主体作用；职代会促民主、维权益、凝共识，围绕“都同意干”，发挥民主管理、民主监督作用，党建效能、企业效益、治理效果和组织效率全面提升。二是党管干部人才和科学选人用人有机融合。推进鼓励激励、容错纠错、能上能下“三项机制”落实落地，建立高契合、高责任、高激励、高约束的管理机制，实现集团本部和各级子企业任期制契约化管理全覆盖，打造“对党忠诚、勇于创新、治企有方、兴企有为、清正廉洁”的领导班子。开展全系统岗位竞聘、职业经理人选聘、“百人引才计划”和“8090”年轻干部培养工程，造就坚强有力的干部队伍。建强人才政策支撑，制定人力资源工作制度50余项，持续打通管理、技术、技能人才成长通道。深化新时代产业工人队伍建设改革，“七项试点”让先做变为先成、试点变为示范。三是党组织监督保障与公司依法治理有机融合。坚持从严管企、依法治企、风控护企、监督立企，构建“大纪检、大巡察、大审计、大安全”的综合监督体系和“六大监督平台”，实现了全系统党委巡察、内部审计“全覆盖”，完成常规巡察、巡察“回头看”、专项巡察和提级巡察共计17轮，形成了以任中审计为主、任中审计和离任审计相结合的审计模式，切实发挥了审计“治已病”“防未病”作用。四是基层党建工作与生产经营中心工作有机融合。每年党委“一号文”与生产经营“主题年”活动围绕中心工作同向发力、同频共振，“三融两动一组织”基层党建工作法让党的创新理论进企业、进站区、进班组、进现场，有力推动了生产经营攻坚克难、实现目标，党建优势有效转化为发展优势、治理优势和竞争优势。

（二）坚持依法合规决策与激发经营活力相融合，实现“体系完善，流程高效”

一是完善以章程为基础的制度体系。以《章程制定管理办法》指导各级企业完善章程修订，充分发挥章程在公司治理中的基础作用。持续开展规章制度“立、改、废”，形成涵盖全部业务条线的包括16篇、42类、354项制度的规章制度体系。构建内部控制体系，编制涵盖近40项流程的《内控手册》，形成分离式、合作式、审批式、监督式、信息式、问责式六大制衡机制。二是建立科学高效的“三重一大”决策机制。梳理“三重一大”决策事项清单，形成了党委会、董事会、经理层五大类80项决策、审议事项，进一步将各治理主体权责界定清晰。建成“三重一大”决策信息系统，全面融合制度体系、事项清单、操作指引和会议流程，将决策制度要求转化成系统设计需求，有效实现了数据汇总和动态监测，强化了对集团及各级子企业“三重一大”决策的全过程管控。三是健全容错纠错机制。制定经营投资尽职合规免责事项清单，明确尽职合规免责工作机制，严格规范尽职合规免责工作程序，鼓励经营管理人员担当作为、干事创业。四是建立内外部双重法律合规审核机制。实现全系统100%配置外聘法律顾问，制定合规义务清单、双重法律合规审核事项清单、三项法律合规审核专项指引，在集团及所属子公司建立“内外结合、重要事项双审”机制，确保重要决策、重要规章制度、重大经济合同内外部双重法律合规审核全覆盖。

（三）坚持精准授权放权与优化集团管控相结合，实现“一企一策，放活管好”

一是厘清权责边界。充分参考研究《中华人民共和国公司法》《中华人民共和国企业国有资产法》等法律法规及上级文件精神，明确从集团本部董事会对董事长、经理层，集团本部对所属企业董事会，所属企业对董事会、经理层三个维度全方位开展授权放权，构建了全系统整体授权放权体系。根据法律法规规定和公司治理实际，排除掉不应或不适宜授权的事项，集团及各级子企业均制定各治理主体权责清单，实现边界清晰、无缝对接、系统完整。二是实施分类授权。充分考虑所属企业的股权结构、业务类型、经营管理水平等实际情况分类授权，不搞“一刀切、大一统”。确定授权范围时，根据所属子企业经营状况、资产负债规模与资产质量、日常业务开展情况、业务负荷程度、风险控制能力等，进行科学有效的分析论证，“一企一策”合理确定授权决策事项及权限划分的标准，以免过度授权。三是坚持动态调整。建立健全授权放权报告工作机制，每半年向董事会报告授权行权情况，重要情况一事一报。加强评估管理，聘请专业机构对授权管理体系及授权执行情况开展评估，根据需要及时完善、调整、收回或者增加授权，形成闭环管理。四是落实差异化考核。根据所属企业行业、主营业务、市场竞争程度、发展阶段等实际情况，突出不同考核重点，合理设置经营业绩考核指标及权重，实施差异化考核。围绕重大战略节点和重点经营指标，加大考核激励力度，督促所属企业逐级细化分解，实现考核层层落实、责任层层传递、激励层层链接，确保重大决策部署和中心工作落实横向到边、纵向到底。

三、成果成效

（一）更高决策效能，重大事项决策水平不断提高

近三年分别累计召开党委会、董事会、总经理办公会81次、37次、34次，形成董事会重大经济事项决议391项，有效发挥了党委会前置把关和决策事项跟踪问效机制，有力推动决策执行落实落地，仅个别事项因政策调整、市场变化等原因终止或暂缓实施，重大经济事项决策落实率达96.93%。“十三五”期间共完成综合大交通投资1398亿元、金融投资239亿元、“交通+”项目投资65亿元，平均投入资本回报率4.37%，在国内省级交通集团中排名第一。

（二）更多顶层设计，现代治理体系优势不断彰显

形成了江苏交控“十四五”公司治理专项规划，有效规范治理主体权责和集团管控，充分发挥协调和制衡机制作用，做到既靠前指挥、释放企业发展活力，又强化监督、防范企业经营风险，构建了权责明确、高质高效的现代企业法人治理体系。构建了“卓越党建+现代国企”治理体系和指标评价标准，将党组织的政治优势、组织优势和

群众工作优势，有效转化为企业高质量发展的治理优势、竞争优势、创新优势和制胜优势。

（三）更强活力动力，高质量发展水平不断提升

江苏交控持续打造中国特色现代企业制度，各层级企业活力动力有效激发，集团资产规模不断变大，质量效益不断变优，总资产、净资产分别由“十二五”末的2649亿元、975亿元，发展至“十三五”末的6663亿元、2766亿元，国有资产保值增值率达110%，各项重点经济指标均翻了一番。2021年，江苏交控实现营业收入618亿元，利润总额224亿元，连续7年利润总额超百亿，是国内省级交通集团唯一一家年利润持续超百亿的企业，在江苏省属国有企业中始终保持净资产、利润总额和纳税总额第一。2021年，江苏交控入选国务院国资委国有重点企业管理标杆创建行动“标杆企业”。

以决策管理系统 规范“三重一大”体系建设

——江苏交控数字交通研究院有限公司

一、基本情况

江苏交控数字交通研究院有限公司（以下简称“数研院”）成立于2020年。作为江苏交控的数字化科研机构与服务商，数研院致力为高速公路及各行业数字化转型提供平台化解决方案。运用大数据、物联网、人工智能、未来计算等领先技术，数研院搭建了以六个联合实

江苏交控数字交通研究院有限公司

验室为主体的产业平台，配合江苏交控打造了“云网边端”协同一体的“新基建”技术平台，发布了具有行业影响力的“六朵云”数字化营运管理系列软件产品。

“三重一大”决策制度是国有企业规范决策主体、提高决策效率、减少决策失误、稳定经营秩序、源头治理腐败的重要支撑，对“三重一大”决策制度进行实时在线监管，不仅是构建国资监管大格局的工作要求，也是国企改革聚焦的关键点。江苏省是国务院国资委“三重一大”在线监管系统建设试点省份，鉴于江苏交控数字化建设的突出成果，江苏省国资委选择江苏交控先行先试，由数研院承接和开展统一数据采集交换系统、“三重一大”决策和运行监管系统建设与对接试点工作。根据江苏交控在“三重一大”决策机制上规范流程、提高效率的总体要求，数研院还同步开发了“三重一大”决策管理系统，并实现了与国资委“三重一大”决策和运行监管系统无缝对接及数据自动采集上传。通过“三重一大”决策管理系统的整体建设，江苏交控进一步加强了“三重一大”决策事项的事前、事中、事后监管，对决策事项实现了全过程监督，确保了“三重一大”决策体系的规范高效运行。

二、经验做法

（一）精准解剖数字化治理需求

试点项目启动后，数研院成立“三重一大”决策管理系统研发项目组，数次专项调研业务需求，重点聚焦国资监管要点，梳理“三重一大”决策程序流程，对“江苏省国资监管业务数据指标库”中的14548条数据项进行分类整理，梳理“三重一大”相关数据项201条，迅速精准地明确了业务需求和关键技术并投入开发。“决策制度”模块通过“表决方式和人数占比”确保制度依据权威可行；明确“决策会议及顺序”逻辑并要求上传不同类型会议电子纪要，保证决策流程合规且笔笔可查；“审议议题”关注意见听取情况和议题最终决议情况；“组织实施”明确了责任部门、责任人和时间进度，并对实施情况进行动态监督，形成了以决策制度为根本遵循、以集体决策为执行保障、以事项清单为关键展示要点、以高效率组织实施为最终目标的数字化管理流程闭环，实现“三重一大”决策全流程的数字化升级。

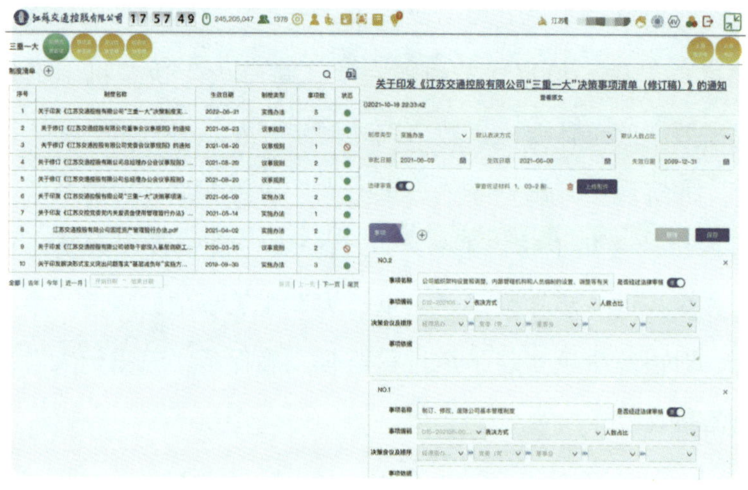

江苏交控“三重一大”决策管理系统界面

（二）深度整合数字化平台能力

“三重一大”涵盖企业事权、财权、人事权、物权等重点领域和关键环节，其决策水平的高低是国企内控流程合理性、有效性的整体展现。数研院在“三重一大”决策管理系统开发中，通过快速整合2017年投入应用的“内控云”数字化管理平台基础功能，关联了云平台“规章制度”板块中全系统29家单位5201条章程、议事规则和授权管理办法，通过调用平台关联模块在最短时间内实现新系统功能和数据的整合输出，可提取比对“内控云”的“人力资源”和“股权管理”板块中登记的董事、监事及高级管理人员信息，通过各内控数字板块的互联融通，助力新系统无缝衔接、快速投用、发挥运行和监管合力。

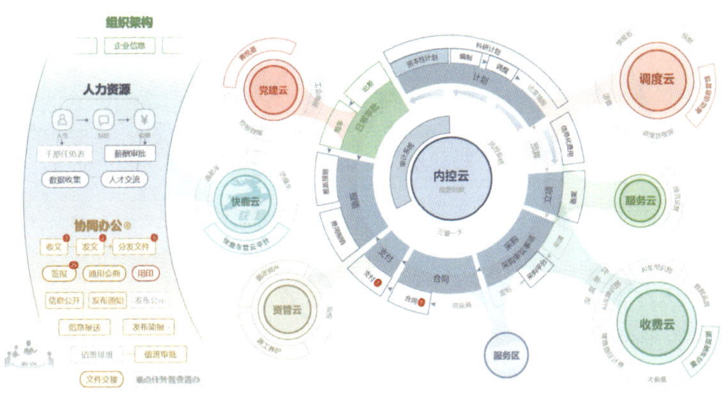

江苏交控“内控云”界面

（三）研发实现系统化功能迭代

“三重一大”决策管理系统开发项目需求新、时间紧、任务重，数研院采用互联网敏捷开发模式，以项目小组形式组建了一支由18名软件工程师组成的开发团队，在深度业务调研明确需求的基础上迅速进行开发，建立工作量预估和统筹安排机制，每日集成、每日反馈，定期召开评审和演示会议，总计投入工时约8000小时，定期业务沟通，动态研发调整，短周期内形成测试系统，完成了7个接口和201个数据项的开发、测试及投用。国资监管数据采集交换平台已在2021年10月具备实时交换能力。通过早开发、早投用、早统计，江苏交控在省属国有企业中率先完成了2017年包含203次会议信息、1393个议题信息以及11个制度信息的数据采集工作，实现数据零异常。

三、成果成效

（一）实现与国资监管信息系统全对接，打通监管流程

“三重一大”决策管理系统平台建设作为国资国企在线监管系统的重要环节和核心工作，是江苏交控通过国资监管统一数据采集交换系统与江苏省国资委进行数据对接的首次尝试，也是省属国企内控平台“三重一大”流程数字化从无到有的“第一次”。由于系统功能齐全完备、贴合需求、运行流畅，江苏交控在5家试点单位中脱颖而出，成功“揭榜”江苏省国资委试点项目，有效服务了国资监管大格局的构建，丰富了国资监管“一盘棋”的构建。数研院对该系统的成功开发建设，充分展现了江苏交控突出的数字治理研发水平，增强了江苏交控数字化转型的影响力。

（二）打造公司治理数字化内控全矩阵，增强管控能力

“三重一大”决策管理系统开发满足了江苏交控实现全面精细化内控管理的现实需要，是重大事项决策不可或缺的监督保障。目前，“内控云”已上线公司治理、办公自动化、人力资源、财务审计管理四大板块、25个子系统，实现江苏交控所属单位全覆盖。“三重一大”模块完善了“内控云”决策管理板块，整合了信息资源目录同步能力、数据采集指标同步能力和数据合规性保障能力，明确了数据监测层级，完善了企业经营决策执行逻辑和数字化监管流程，加强了系统内各单位间的信息共享和业务协同，建立了横向到边、纵向到底的实时动态监管体系，实现了重大专项工作和综合业务的监管全覆盖，是江苏交控数字化内控管理能力的再一次跃升。

（三）提升数字经济新业态发展加速度，激发内在活力

凭借“三重一大”决策系统的开发应用，数研院实现了数字经济新

业态的加速发展。一是提升了系统后续开发完善能力，作为设计研发单位，积极配合联调联试，保持系统敏捷迭代，持续完善系统运维支撑保障工作，实现系统各功能与“三重一大”决策实操需求的深度贴合。二是拓展新零售、新能源、新服务等数字经济新业态新模式，持续打磨实用、好用、管用的数字化管理软件，促进数字技术与实体经济深度融合，赋能传统产业转型升级，将通用类数字管理平台推广至全省国资系统，推动改革转型经验以产品化、服务化的形式走出行业、走出江苏。

深化机制创新　提升治理效能
争做公司治理的国企示范标杆

——江苏金融租赁股份有限公司

一、基本情况

江苏金融租赁股份有限公司（以下简称“江苏租赁”）成立于1985年，是全国最早成立的金融租赁公司之一，也是首家及目前唯一一家在A股主板上市的金融租赁公司。多年来，江苏租赁对照国资委“1+N”国企改革政策，坚持从深化治理机制顶层设计出发，以提升各主体的治理效能为出发点和突破点，通过开展混合所有制改革、法人治理提升优化等工作，切实增强金融服务实体经济、服务小微企业的能力。江苏租赁已与上千家国内外龙头厂商、经销商紧密合作，在清洁能源、农机工机、医疗器械等50多个细分行业形成竞争优势，累计支持十多万家中小微企业实现产业转型升级。近年来，

江苏金融租赁股份有限公司

江苏租赁治理体系和治理能力现代化建设水平得到显著提高：2017年，江苏租赁作为行业唯一代表，参加全国金融工作会议；2019年，江苏租赁被列入江苏省国资委“参照‘双百’企业做法实施综合改革试点企业”，在治理机制和治理效能上持续发力；2022年，江苏租赁获评国务院国资委“国有企业公司治理示范企业”。

二、经验做法

江苏租赁在江苏省国资委和江苏交控的指导下，按照上市公司治理准则，持续推动法人治理改革，在股东大会、董事会、经理层到纪检监督等各层面强基础、优机制、增活力，成功建立起“党委核心领导、董事会战略决策、经理层执行落实、内外部监督主体依法监督”的现代化治理架构。

（一）充分发挥股东大会“混合”优势

江苏租赁从2007年起启动混合所有制改革，先后引进首批A股上市的城商行——南京银行、世界银行集团成员——国际金融公司、国内产业基金管理资金规模最大的中信产业基金以及欧洲最大的融资租赁公司——法巴银行租赁集团共4家国内外一流投资人，组建了国有控股、多种所有制资本混合的股东大会。各股东在帮助江苏租赁进一步打开海外融资渠道、提供优质厂商资源的同时，也带来了国内外标杆企业的公司治理经验，提供了租赁业前沿管理模式。

（二）依法落实董事会六项职权

江苏租赁不断探索落实党的领导与公司治理有机融合，明确党委会把方向、管大局、促落实，董事会定战略、做决策、防风险。一是坚持党的核心引领。将党委会职责纳入公司章程，制定《党委前置研究讨论重大事项规程》，动态更新《“三重一大”决策事项清单》，重大事项报董事会审议前，皆由党委会前置研究讨论。二是组建多元化、国际化的董事会队伍。目前11名董事中含国有股东董事2名、外部股东董事2名（比利时籍1名）、执行董事3名、独立董事4名。董事专业背景涵盖金融、产业等领域，平均从业年限超过20年，具有丰富的经营管理经验。三是保障董事会有效决策。近三年累计召开董事会现场和通讯会议20次，对经理层选聘、考核与薪酬管理以及公司战略、融资、担保、合规等重大事项有效行使决策权。四是建立董事会专门委员会并发挥其功能。设战略、审计、风险管理、提名与薪酬、关联交易控制共5个专门委员会，协助董事会科学决策；各专门委员会均由具备专业背景的董事组成，其中有3个委员会的独立董事超过半数。

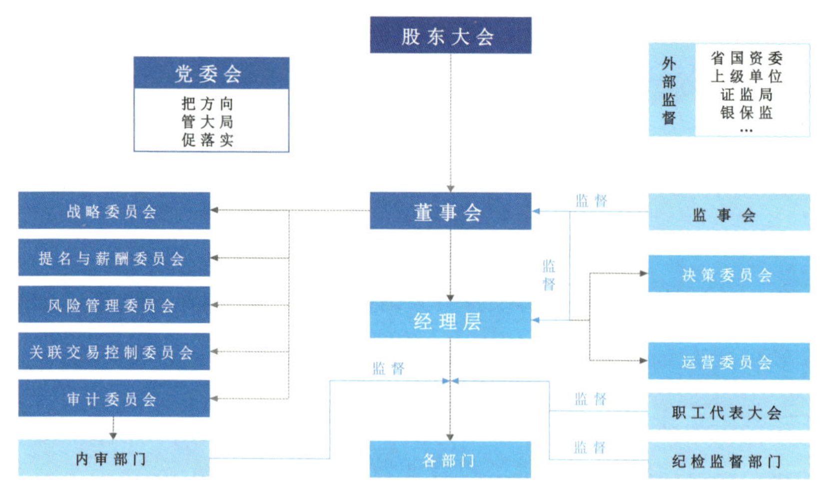

江苏租赁组织架构图

（三）不断强化经理层执行力

江苏租赁对经理层建立了市场化的选聘考核、权责分工机制。一是实施任期制和契约化管理。高管人员实行任期制和契约化管理，由董事会选聘产生。江苏租赁与高管人员签署目标责任书，每年组织考核，考核结果决定高管年度薪酬，且年度绩效薪酬的50%以上递延至后三年发放，促进经理层履职尽责。二是组织开展职业经理人改革。江苏租赁先后两次采用市场化方式选聘职业经理人，现有的7名经理层成员中有4名为职业经理人，占比过半。三是建立层级和边界清晰的授权机制。为提高决策效率，江苏租赁建立了董事会向董事长、董事长向总经理、总经理向其他高管人员逐级授权的机制，并对授权的执行情况定期评估，综合公司经营效率和效果进行动态调整，确保授权“放得下”且“接得住”，同时“用得好”。四是形成经理层委员会保障落实机制。经理层组建决策和运营委员会，决策委员会负责审议战略规划、经营计划、财务预算、基本制度、人力资源等领域的重大事项，运营委员会负责审议产品创新、行业定价、风险分类、资产管理等业务方面的重大事项。近三年，决策委员会累计召开会议57次，审议及听取事项298个；运营委员会累计召开会议220次，审议议题1021个，有效保障了董事会决策的贯彻落实。

（四）有效筑牢内外部监督体系

江苏租赁坚持合规优先和内控为本，积极构建纪检监察、职代会、内外部审计、公众监督等合规防线。一是建设“清风苏租”纪检体系。江苏租赁纪委从纪检规章制度、反腐倡廉责任体系等多方面开展合规监督工作，构建了公司经营管理的合规底线。二是强化监事会履职。监事会对经营、财务、国有资产保值增值、董事高管履职等实行监督检查，落实法定监督职责。江苏租赁6名监事中包含2名职工监事，由职工代表大会选举产生，有效保障职工参与管理和监督的民主权利。三是优化董事会领导下的内部审计架构。董事会审计委员会下设审计部，直接向董事会报告。审计部每年执行30多项法定和专项审计任务，对公司内控合规、财务业务管理等实施常态化监督。四是规范开展信息披露。作为国有上市企业，江苏租赁按照监管要求，主动向国资监管部门、国有股东和社会公众披露重大信息，接受外部监督。2019—2020年，江苏租赁被上海证券交易所评为“信息披露A类企业”。

三、成果成效

江苏租赁通过开展混合所有制改革、法人治理结构提升优化，充分发挥股东优势，配精配优董事会，落实经理层职责，为持续构建“权责相适、高效高质”的现代企业治理体系奠定坚实的基础，也为公司注入源源不断的发展新动能。

（一）国有资本保值增值能力更强

通过引入战略投资者和首发上市，国有资本的价值和功能不断放大。近十年，江苏租赁资产规模、营业收入、净利润年均复合增长率达到25%以上，总资产收益率和净资产收益率长期位居全国规模以上租赁公司第一。

（二）业务转型发展速度加快

江苏租赁知名度和社会影响力显著提高，在市场上成功树立厂商租赁和零售金融的特色品牌。江苏租赁合作的国内外先进厂商经销商达到1000多家，2021年新增合同7万多笔，存量合同突破10万大关。信息科技水平位居行业领先水平，19套系统获软件著作权，4套系统通过国家信息系统安全等级保护三级认证，零售系统获银保监会、人民银行高度评价。

（三）员工队伍稳定有活力

江苏租赁有效建立了以市场化为导向、开放灵活的选人用人和薪酬考核机制，形成了稳定的核心管理团队，团队成员平均任职年限超20年，也培养了一批懂生产设备，熟悉财务金融、政策法规，了解市场产业的专业化人才团队。

实行多项目公司“1+N”综合管理推进治理模式高效变革

——江苏扬子江高速通道管理有限公司

一、基本情况

江苏扬子江高速通道管理有限公司（以下简称“扬子江公司”）统筹负责江苏扬子大桥股份有限公司、江苏沪通大桥有限责任公司、江苏锡泰隧道有限责任公司、江苏广靖锡澄高速公路有限责任公司、江苏常宜高速公路有限公司、江苏宜长高速公路有限公司6家项目公司的运营管理，管理总资产规模达400亿元，管理总里程约300公里。多项目公司并存的运营现状带来了较大的管理压力：一是组织结构分散，6家项目公司股权结构复杂，涉及上市公司及民营资本，且存在相互交叉持股，短期内无法实现股权和财务整合；二是治理体系复杂，不同项目公司的治理体系存在一定差异；三是治理效能低下，扬子江公司及6家项目公司“三重一大”决策事项数量多，涉及多个决策主体。同时，扬子江公司作为上市企业的子公司，需要按照监管要求履行信息披露义务，运营管理缺少统一高效的治理流程。为此，扬子江公司通过建立健全综合治理体系，采用“1+N”模式统一运营管理

“二桥八路”，不断提高治理效能，促进企业治理体系和治理能力现代化。

扬子江公司所辖路桥

二、经验做法

（一）建立融合一体的管理模式，实现统筹高效治理

按照区域化整合要求，为加强统一管理，扬子江公司经营班子成员按照法定程序进入各项目公司，分别担任董事长、总经理及董事、监事，实现经营班子成员分布任职、统筹兼管，既确保组织结构符合《中华人民共和国公司法》的规定，又保证了公司治理的统一性和规范性。各项目公司与扬子江公司签订委托管理协议，由一套经营班子统一运营管理，提高了经营层的决策效率和执行力，提升了管控水平与运营效率。各项目公司间实行资产统筹调配、优势互补，实现最大

化利用，并严格按照合规性要求签订借用合同，支付相应费用。项目公司间内部融资渠道有效打通，按照既定投融资任务，统筹安排资金使用，实现融资功能的相互补充，保重点项目建设、保刚性债务兑付，维护了健康稳定的资本结构和债务结构。各项目公司存量资产进一步整合盘活，以提高闲置资金使用效率、加强闲置固定资产出租利用等方式，在风险可控的情况下获取稳定的资金收益，实现国有资产的保值增值。

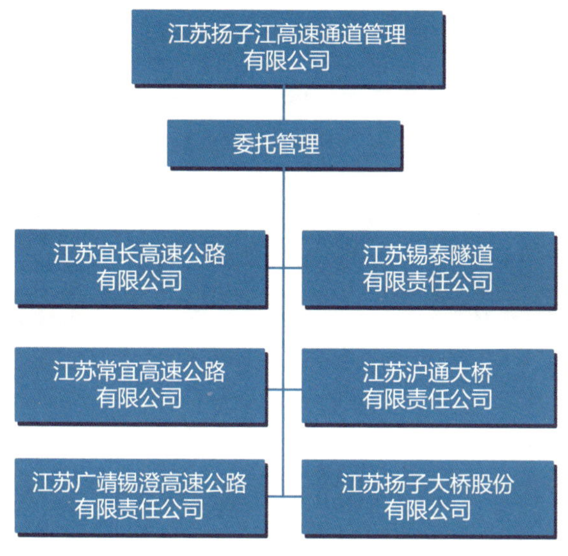

扬子江公司委托管理项目公司结构图

（二）建立科学高效的决策机制，稳固企业治理基石

对照现代企业治理要求进行顶层设计，严格区分各项目公司共性与个性问题，规范扬子江公司和各项目公司“三重一大”决策体系，修订“三重一大”决策制度实施办法和决策事项清单，进一步明确“三重一大”事项权责划分和执行要求，健全经营管理事项统一决策机制。各项目公司一般经营事项按照委托协议，由扬子江公司经营班子研究决定；“三重一大”事项统一由扬子江公司总经理办公会讨论拟定、党委会前置研究后，再分别提交相应项目公司股东（大）会、

董事会审议，将党的领导和依法治企融入公司治理的各个环节，使党委把关定向和治理主体决策有机融合，形成闭环运作、规范可行的企业治理体系。

（三）建立长效有序的制度体系，提升公司治理管控

积极推行经理层成员任期制和契约化管理，制定出台董事会对经理层授权管理办法，明确扬子江公司及各项目公司董事会对经理层授权原则、事项范围、管理机制、权限条件等主要内容，保障经理层成员谋经营、抓落实、强管理，支持总经理依法行使主持生产经营管理、组织实施董事会决议等职权。扬子江公司及各项目公司董事会统一采取授权书形式向经理层授权，制定授权清单并形成跟踪报告机制，形成权责法定、权责透明、协调运转、有效制衡的国有企业制度体系。以问题和需求为导向，主动适应区域一体化管理要求，针对原先不同项目公司的制度体系差异，重塑各级管理制度，统一管理界面，细化操作流程，建立了一整套合理有效的运营管理制度，显著提升了统筹经营能力和协同管理效率。

（四）建立规范严谨的执行程序，拧紧责任担当链条

针对扬子江公司及6家项目公司股东（大）会、董事会、监事会众多的情况，扬子江公司统一编制年度会议召开计划，紧抓协调与对接，强化议案收集预审，确保“三会”有序召开，重大事项如期过会实施。厘清关联交易管理要求，制定关联交易管理办法，编制日常关联交易清单，探索以信息化形式建立定期汇总与识别审查机制。改变以往各部门多头对接股东单位、分别报送进行信息披露的方式，明晰各部门职责和办理流程，统一“各部门识别发起－公司领导把关－综合管理部收集上报”的管理机制，有效避免流程执行中的错误与疏漏，确保关联交易及时规范披露。以内部审计与外聘审计相结合的方

式，组织对公司及项目公司实施工程项目、财务收支、制度执行、经费支出等专项审计，保证政策和制度得到有效的贯彻和执行，促进公司经营管理质效不断提升。

三、成果成效

（一）保持了高质量发展势头

通过以扬子江公司为主体，以委托管理为纽带，建立“1+N”综合治理模式，推进企业治理体系和治理能力现代化，有效压缩了冗余的组织机构，减少了重复的管理环节，统筹经营管理优势进一步体现，路桥综合运营效能进一步提升，极大增强了国有企业的竞争力、创新力、控制力、影响力、抗风险能力，实现了国有企业高质量发展。重组后的首年即取得了各项经济指标年增长率均超过6%的良好效益。2020年、2021年扬子江公司经受住新冠疫情、经济调整、免费放行、投资加大等因素的考验，各项经济指标均好于预期，利润总额和净利润连创新高，保持了强劲有力的发展势头。

（二）增强了公司资金统筹能力

面对不断加大的对外投资任务，扬子江公司深入挖掘内部项目公司为主体的投融资潜能，积极打通内部项目公司融资渠道的“最后一公里”，持续增强整体融资能力，降低企业融资成本。投资资金保障率和刚性债务到期偿付率始终保持在100%。自2019年重组运营至今，累计完成重大项目投资将近88亿元，不仅确保了投资建设的沪苏通大桥、常宜高速公路、宜长高速公路的顺利通车运营，也为更好地完成江阴第二过江通道、张皋过江通道（张靖皋大桥）等一系列重大投融资任务，为促进进一步发展奠定了坚实的基础。

江阴第二过江通道（锡泰隧道）工程盾构机下线运行

（三）提升了整体运营管理效能

通过建立健全综合治理模式，推进企业治理体系和治理能力现代化，进一步推动了扬子江公司与各项目公司间资产资源的深度整合，逐步破除了管理公司与项目公司间的阻隔障碍，实现了人、财、物、技术、信息资源的集约化管理与体系化运作，路网统筹管理水平不断提高，综合资源配置更为优化，运营管理体系更加高效。

打造“标准化+审核制”模式 推进管理体系现代化

——江苏苏通大桥有限责任公司

一、基本情况

江苏苏通大桥有限责任公司（以下简称“苏通大桥公司”）成立于2002年10月，是经江苏省政府批准成立的大型国有企业，主要从事苏通长江公路大桥、海启高速公路、通洋高速公路的经营管理，同时还是江苏交控交通基础设施建设的区域投融资平台，承担着南通区域高速公路、过江通道建设的投融资任务。

苏通长江公路大桥

随着国企改革不断深化，对标世界一流管理提升行动不断推进，苏通大桥公司深刻认识到，在服务服从江苏交控交通基础设施投资商、综合交通产业运营商、高速公路领域服务商的“三商”定位，全力打造区域运营管理平台、区域投资融资平台、长大桥科技创新平台的进程中，管理水平与发展规模不匹配的矛盾越来越凸显，存在管理缺乏标准、管理环节衔接不够、工作效率不高、管理体系不够完善等现象，要缓解或彻底解决管理中存在的问题，亟待在国企改革中不断进行管理创新。标准化工作是企业管理重要的基础工作之一，而标准化审核又是标准化管理中的重要组成部分，只有在标准统一、过程闭环、行而有效的管理体系下，才能不断通过管理提升效益，激发发展潜力。具体来说，就是在完善基础管理工作的同时，运用新的管理理念和管理模式，大胆进行管理流程和管理制度创新，建立一套运行流畅的管理体系。

近年来，苏通大桥公司紧扣奋勇争当世界级长大桥运营管理领跑者的使命担当，结合公司管理现状，建立了与现代国企相匹配的科学管理体系与运行机制、完善的管理制度与管理流程、有效的管理方法与管理举措，全力打造了可复制、可推广的“标准化+审核制”苏通管理模式。

二、经验做法

（一）以标准化建设实现规范管理

坚持把标准化建设作为促进规范化管理的有效手段，推进管理提升。一是固化管理标准。对标一流，汲取世界一流企业标准化管理方法，精准把脉，问诊管理，明晰管理思路，重梳规章制度，细分管理内容，经过三年的效能跟踪和动态完善，重点围绕基础管理、安全管理、营运管理、服务区管理、养护管理、财务管理、人力资源管理、党支部建设共8个方面，梳理汇编了《“标准化+审核制”管理手册》，制定规范、简明的标准清单，在个别管理领域委托第三方专业机构制定相应管理标准，做到业务全覆盖、岗位全覆盖，实现管理规范化。二是运用科学方法。运用目标管理和可视管理等科学方法推进标准制定，将各类标准指标落实到部门、到岗位，做到“目标不漏项、分解到岗位、事事有人管、人人都管事”；并将标准指标可视化、数据化，明确时间节点和责任人，做到“任务目标化、目标项目化、项目节点化、节点责任化、责任绩效化”，以正确的目标导向和有序的工作进度推进标准落地。三是有效融入管理。为深度挖掘标准化管理价值，探索与公司发展相适应的管理模式，将标准化管理思维根植到公司日常工作中，通过建立一套标准高、适用性强、效果好的标准化体系，将标准化建设贯穿于公司管理各个环节，并将标准化内容与实施公司“十四五”规划、年度重要目标任务有机融合，有效激发

《“标准化+审核制”管理手册》

员工参与管理的积极性和自觉性，既规范了管理，又提升了企业高质量发展的核心竞争力。

（二）以常态化审核实现长效管理

借鉴管理体系运行中外部审计和内部审计的好做法，充分发挥审核对标准化执行的推动作用，建立了长效化审核机制，全面提升审核成效。一是压实审核责任。根据部门管理职能，明确审核责任部门、审核对象、审核周期和审核方式，定期开展标准化审核，并适时通报审核结果，强化过程管控和结果运用，促进管理提升。二是推进整体协同。委托第三方审核单位，明确第三方服务标准，对相关业务进行定期检查和审核，相关责任部门主动与第三方审核单位加强协同，切实做到以审促改、以改提质，确保审核质量。三是坚持以审带训。强化标准化审核附加效益，择优选择11名管理骨干组建公司内审辅导员队伍，有组织、有计划地安排参与标准化审核，在审核中培训，在培训中提高，通过审前培训、审中交流、审后总结等方式，增强内部审核人员素质和能力，促进标准化审核专业化和规范化，实现审核效能和人员素质共同提升。

（三）以精准化整改实现闭环管理

建立问题查摆、问题整改、结果运用全周期管理机制，推动标准化建设和审核机制持续改善、双向优化，确保审核成效。一是全面查摆问题。在审核基础上，从标准执行和审核机制两个方面全面查摆问题。标准执行方面，重点查找标准制定、标准运用、运用成效等方面的问题；审核机制方面，重点查找审核方式、审核周期、审核效能等方面的问题，并以问题为导向，以PDCA（计划—实施—检查—行动）循环为原则，建立自我评价机制，制定科学、有效的改进措施，适时修订标准，改进审核，做到持续改进，实现螺旋上升。二是推动问题整改。针对查摆问题，制定整改方案，推行清单化管理，落实责任，确定时限，落实整改措施，实行挂号督办、销号落实的方式进行整改；推行约谈警示机制，对上一年管理审核位次靠后的部门（单位）进行管理约谈、黄牌警示、专项辅导，促进共同提升。三是强化结果运用。制定“标准化+审核制”考核办法，将工作开展情况作为年度组织绩效考核内容之一，将审核结果作为公司组织绩效考核的重要指标，并由公司纪检监督室定期对相关部门审核工作开展专项效能监察，推进标准化审核有效落实。

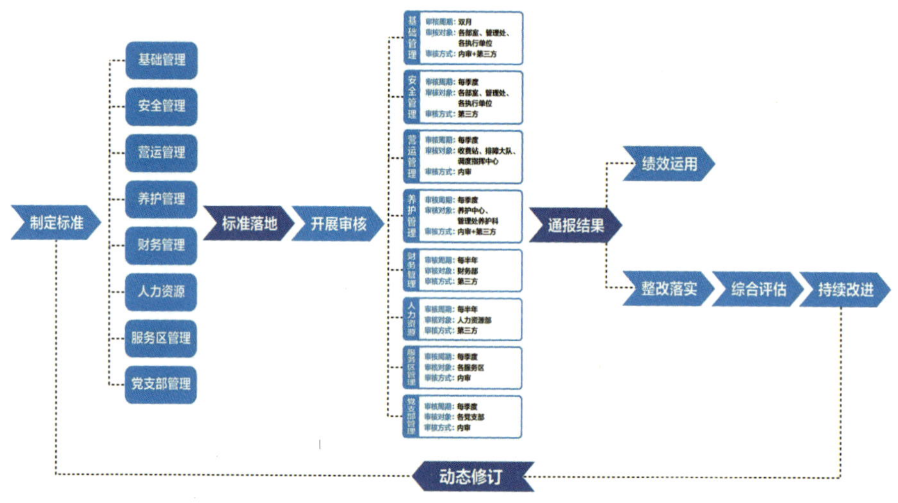

“标准化 + 审核制”管理流程示意图

三、成果成效

（一）管理体系基本建立

坚持把“标准化”建设作为科学管理“指路牌”，把“审核制”作为科学管理“听诊器”，以系统观念有效推动“标准化”与“审核制”全面融合，形成了“标准化+审核制”管理模式。截至2021年底已累计审核70余次，并实时通报审核情况，有查有改，有奖有惩，切实做到了“内审+外审”“主体+外协”的高效协同，基本形成了工作标准化、成效可视化、审核长效化的管理机制。

（二）管理模式固化落地

以打造“卓越党建+现代国企”示范平台为目标，在有效建立管理体系基础上，持续推进管理实践，分别开展“标准化+审核制”巩固年提升活动和“科学管理”主题年活动，健全完善各类管理制度45项，优化管理流程27个，公司管理制度、管理流程更加完善，管理措施更加有效，管理界面更加清晰，管理效能明显提升。

（三）管理成效巩固提升

近年来，苏通大桥公司把“标准化+审核制”管理模式作为工作切入点，发展质效明显提升，发展态势稳中向好。截至2021年底，苏通大桥公司总资产为224.16亿元，2021年全年实现营业收入24.3亿元，利润总额8.53亿元。苏通大桥公司及所属单位先后获评“全国交通运输文化建设卓越单位”“全国青年文明号”“江苏省文明单位”“全国百佳示范服务区”等荣誉称号。

聚焦“险从哪里防”
打造全流程、全覆盖风险防控体系

——江苏云杉资本管理有限公司

一、基本情况

江苏云杉资本管理有限公司（以下简称“云杉资本”）成立于2015年7月，作为江苏交控专业化的股权管理和资本运作平台，云杉资本贯彻“以产带融、以融促产”的经营理念，落实“平台化、市场化、专业化”运营机制，取得了显著的经营发展成效，充分发挥了金融投资对江苏交控转型升级、持续发展的战略支撑作用。截至2021年底，公司资产总额突破100亿元，年均复合增长超40%；累计实现利润24.6亿元，年均复合增长超160%；主导对外投资规模150亿元，覆盖银行、保险、证券、公募基金等优质金融机构股权；累计投资私募基金20余支，认缴总金额30亿元，覆盖1000余个项目，已投基金总体估值增值率超过60%，远超市场平均水平。

在云杉资本不断做大做优业务的过程中，始终面临着防范和化解风险的重大课题。特别是近年来，宏观经济环境面临结构性调整，叠加中美关系摩擦及疫情影响，风险种类增多、复杂性增强，风险后果

也更加严重。作为专业化、市场化的投资机构，云杉资本将风险防控作为发展的生命线，聚焦“险从哪里防”难题，持续攻坚突破，形成了一套具有云杉特色的“3C”[1]风控理念，并构建了“全生命周期嵌入式”的风险管理体系，牢牢守住风险底线。

云杉资本股权管理和资本运作平台示意图

二、经验做法

云杉资本以全面风险管理为指引，将风险管理贯穿业务流程的各个环节，采用数学的方法构建具体的风控模型，强化风险源头控制，形成“预警—识别—评估—应对”的风险管理闭环，不断提升风险治理水平。

（一）构建资产配置风险模型，实现风险源头控制

云杉资本自成立之初，即制定了《全面风险管理指引》《投资风险管理操作指引》《法律风险管理操作指引》及《操作风险管理办法》等多项风险管理专门制度，确立了稳健审慎的风险管理偏好，明确了“确定性、分散化、跟进型”的风险管理策略，确定了风险管理

[1] “3C”即 Circle-lifed（全生命周期化）、Computerized（可量化）和 Customized（定制化）。

的总体目标，并据此构建了全面风险管理体系。资产配置是长期投资控制风险的关键性因素，在风险归因分析中，80%以上风险及收益是由资产配置决定的。为将总体风险控制在公司可承受范围之内，云杉资本坚持风险源头控制，建立自己的大类资产数据库，跟踪分析各类资产的核心历史数据，例如回报率、波动率、协方差、夏普比率等。在结合自身风险偏好的基础上，运用马科维茨有效前沿模型，确定最佳的大类资产配置组合，并在最佳资产配置结构的指导下开展业务，使得不同类别资产之间形成有效的风险对冲，将系统性风险降至最低，以此取得最优的收益风险比。

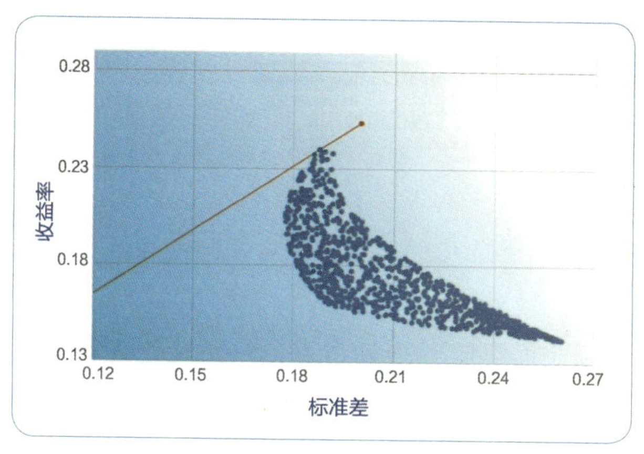

马科维茨有效前沿模型

（二）构建财报风险雷达模型，实现风险常态预警

为实现风险预警的科学化、常态化，云杉资本坚持全面管理、系统施策，牢牢掌握风险防控主动权。一方面，定期跟踪收集重点布局、关注行业的政策变化及其他重大事项，每月召开行业更新与点评工作讨论会。另一方面，构建了财报“风险雷达”模型，对被投企业资产负债表、现金流量表、利润表的所有科目进行具体排查，及时进行预警。云杉资本通过对证监会公开披露的数十起财务造假案件细节

进行综合比对分析，总结出财务造假的核心逻辑线条，即通过虚增现金或者虚增资产的方式来达到最终虚增利润的目的，并在此基础上总结形成风控模型。分析人员只需按照模型对每个科目的具体要求进行逐项计算分析，即可发现标的企业财务报表是否存在明显不合理之处，从而判断财务造假的可能性。

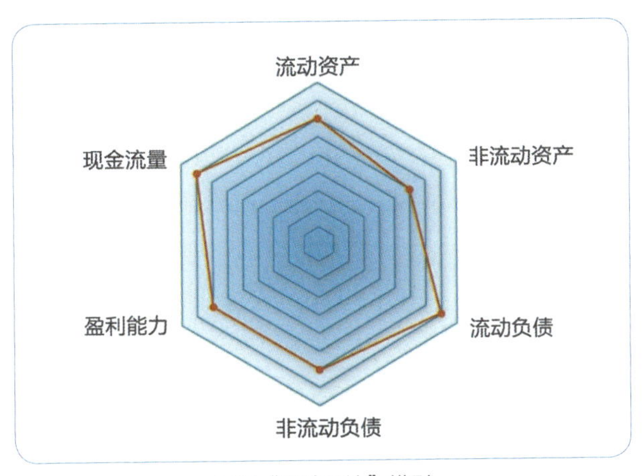

财报“风险雷达”模型

（三）构建基金“五力”模型，实现风险精准识别

云杉资本建立风险事项清单，对战略风险、投资风险、财务风险、法律风险、运营风险和廉洁风险的具体情形进行分析，并据此开展风险识别。根据识别出的不同风险发生的可能性和产生的后果进行综合判断，采取相应的风险控制措施。同时，由于一级市场基金投资不同于股权项目直接投资，其采用了委托管理的机制，基金管理团队的综合能力是基金投资的核心因素，也是风险控制的关键所在。在风险事项清单的基础上，专门开发了针对基金管理团队风险分析的“五力”模型，从募资、投资、投后管理、退出、综合五大方面，具体细分为22个小项进行风险的识别分析和评价打分。若最终得分较低，则出具否决的投资建议，保证资金安全。

（四）构建"红黄绿"动态风控模型，实现风险动态评估

作为"全生命周期嵌入式"风险管理体系的重要闭环，云杉资本构建了"红黄绿"可视化动态风控模型，将所有被投项目分为基金投资及单个股权投资两大类，按季度搜集相关信息开展风险评估，直观展现每个项目风险的历史情况，确保对风险的实时管控。针对基金项目，重点考察基金净值、合规风险、潜在风险项目占比这三大指标。对于净值指标，如基金净值高于1则该项指标为绿色，处于0.8~1则为黄色，低于0.8则为红色。对于合规指标，基金及管理人在基金业协会要求的合规方面如未出现问题则该指标为绿色，存在小瑕疵但对基金运营未产生实质性影响则为黄色，出现影响较严重的合规问题则为红色。对于潜在风险项目占比指标，将风险评估穿透至基金所投的底层项目，通过查看项目财务报表、搜集法律诉讼信息、与基金管理人交流等方式，判断项目是否出现重大风险，最终根据判断结果计算所有风险项目占基金总估值的比重，如果小于10%则该指标为绿色，如果在10%~30%则为黄色，高于30%则为红色。

针对单个股权投资项目，云杉资本主要考察项目行业风险、财务风险、法律风险三大方面。对于行业风险，被投企业所处行业是否有重大利空政策出现、行业需求未来5年是否稳定增长、行业内部竞争是否激烈都是需要考虑的核心因素。如果行业未来发展良好则该指标为绿色，行业发展恶化则为黄色，行业发展出现重大毁灭性打击则为红色。对于财务风险，采用Z值模型（Altman's Z-Score Model，阿特曼Z值模型）来直接测算项目的财务风险状况。如果Z值大于2.90，则企业财务风险较低，该指标为绿色；Z值介于1.20~2.90，该指标为黄色；Z值小于1.20，则代表财务状况出现问题，该指标为红色。对于法律风险，如果被投企业出现涉及财产保全、股权冻结等重大问题的诉讼则

该指标为红色，出现对经营有一定影响的业务层面的法律诉讼则为黄色，其他情况下则为绿色。

三、成果成效

（一）风险防控体系完善有效

一是风险管理机制更加健全，云杉资本构建了董事会对风险管理有效性全面负责、经理层组织实施、风险管理部门牵头、各部门分工负责、监事会和纪检审计进行监督的工作格局。二是风险管理制度更加完备，云杉资本将《全面风险管理指引》作为风险管理的纲领性文件，持续完善风险管理的专门制度，并将风险管理的要求贯穿在投资、法务、日常经营管理等各个环节，形成了一整套风险管理的体系文件。三是风险防控体系更加立体，云杉资本形成了业务部门—风险管理部门—审计监督部门的三道防线，有效落实了全面风险管理责任。

（二）风险治理能力稳步提升

云杉资本通过建立风险事项库和可量化的风控模型，在业务前端实现了风险源头对冲，在业务过程中实现了风险的提前预警和精准识别，在投后管理中实现了风险的动态评估和及时处置，有效履行国有资产保值增值责任。此外，云杉资本每年初对上一年度全面风险管理工作情况进行总结评价和整改提升，风险管理手段进一步丰富，风险防控更加科学。

（三）风险管理文化深耕厚植

经过多年的风险管理建设，云杉资本已经将风险管理文化融入企业文化之中，并将风险审核作为重大决策的必经环节。同时，为将风险管理打造成公司核心竞争力之一，云杉资本着力提升风险管理专业化水平，让精通投资的业务人员从事风险管理工作，探索Python在风险管理中的应用，并安排风险管理人员深度参与项目投资，培养了一支具有CFA（特许金融分析师）、CPA（注册会计师）、法律职业资格的风控队伍，树立了云杉资本的风控形象。全面风险管理理念已经深入人心，公司风险管理责任更加明确，三道防线更加牢固，成立至今未发生一起风险事件。

本章启示

实现国企的长久发展和与时俱进，重点在于夯实企业发展的制度根基，变革缺乏活力的陈旧机制和信息滞后的管理模式。

要有更宽的视野站位。坚持新发展理念，用宽广的国际视野精准把握事物发展的本质和内在联系，用更多的智慧、更实的举措、更大的勇气来推动企业的发展。聚焦企业发展的突出矛盾和问题，高标准地推动企业在新时代高质量发展的进程中行稳致远。

要有更优的治理结构。必须始终坚持党对国有企业的领导，把政治优势、组织优势、群众工作优势厚植为企业发展优势。推进治理体系和治理能力现代化，实现所有权和经营权分离、决策权和执行权分离，形成更高效的公司治理结构。

要有更灵活的组织形式。打破传统组织边界，推动企业敏捷转型，建立更快、更扁平及更适应市场需求的组织形式，依托市场来激发组织活力，在持续创新中不断提升组织效率与效能。

要有更强的风险防控。强化对宏观经济形势、政策环境变化的动态跟踪评估，聚焦对企业投融资功能发挥和可持续发展产生重大影响的关键因素，灵活运用战略风险管理策略，增强风险防控能力。

第二章 优化经营布局和结构调整

本章导言

“腾笼换鸟、凤凰涅槃。”

习近平总书记在十二届全国人大二次会议与广东团代表一起讨论全面深化改革、促进结构调整问题时，用了“腾笼换鸟、凤凰涅槃”八个字。他说，腾笼不是空笼，要先立后破，还要研究“新鸟”进笼“老鸟”去哪；要着力推动产业优化升级，充分发挥创新驱动作用，走绿色发展之路，努力实现凤凰涅槃❶。近年来，江苏交控高效发挥国有企业在优化结构、畅通循环和稳定增长中的作用，不断做强产业结构，做优资本结构，推动经营布局持续完善，积极构建“肌体”健

❶ 《习近平勉励广东继续当改革排头兵》，来源：人民网（jhsjk.people.cn/article/24548154）。

康、“血脉”舒畅的综合交通生态循环系统，为江苏省打造交通运输现代化示范区提供了强有力的支撑和保障。

做强产业结构“血脉”，强链、延链、补链是路径。江苏交控聚焦三大主业，持续巩固交通基础设施板块主体地位，提升金融、“交通+”两大板块在产业链条中的权重。路径一：强链。坚持协同合作与重点工程并行，推进产业链做大做强，深化上下游、企业间、企地间等合作，打造并形成产业聚合优势；完善“主渠道”功能，全力保障全省重点交通基础设施建设投融资任务。路径二：延链。深化数字转型，借力新基建，以技术创新引领产业延伸、转型、升级，不断优化产业链结构、提升产业链价值，继而形成增长新动力；强化以融促产，畅通“资本市场‘融’、政策资金‘进’、内部资金‘流’、社会资本‘引’”四大通道，实现“保供给、防风险、降成本、创效益”，支持交通主业产业链延伸和长远发展。路径三：补链。针对企业发展过程中产业链暴露出的一些缺位、短板问题，着力疏通堵点、畅通痛点、补上断点。聚焦能源供应领域，加快石油、火电等传统能源板块转型，加速绿色新能源供应链构建，推动能源企业“火电、风电、光伏”三路并进；聚焦商贸服务领域，依托交通“流要素”集聚的规模效应，促进交通产业链上下游相互渗透、紧密衔接，形成支撑产业集聚、成链发展的综合商贸服务圈。

做优资本结构“肌体”，优质、轻盈、强健是目标。江苏交控依托资本运作、资产证券化和资产处置等方式，推进国有资本优化和质态提升。目标一：更优质。以打造“千亿资产、百亿利润”的高速公路上市标杆企业为目标，完善上市公司平台功能和股权结构，实现要素更高效率、资本更大价值；在控股2家上市公司的基础上，加快推动符合条件的优势企业上市发展，实现国有资本与社会资本优势互补、战略协同。目标二：更轻盈。积极探索项目合作、产业共建、搭建联盟、“股权投资+施工承包”等市场化方式，撬动社会资本参与交通投资建设；持续探索路桥资产证券化新途径，借力资本市场降杠杆，托举存量资产“轻装上阵”。目标三：更强健。梳理甄别劣势、亏损、困难、空壳企业及低效无效投资，建立长效清理机制，加快产业板块内产权重组和资产整合，畅通退出通道，推动国有股权瘦身健体。

探索“施工承包+股权投资”模式 持续增强投融资能力

——江苏交通控股有限公司

一、基本情况

江苏省经营性高速公路建设一贯采用“省市共建、以省为主”模式，即由江苏省政府指定平台（江苏交控）作为投资主体牵头成立项目公司，设区市地方政府指定平台按一定比例配套资本金，资本金以外部分采用银行贷款的形式筹措。“十三五”期间，高速公路项目造价快速攀升，中短期财务效益承压，高速公路项目资本金比例均达到或超过50%。据交通运输部发布的数据，我国高速公路2020年底债务余额高达约6.7万亿元，但年度通行费总收入仅4566亿元，年度收支缺口超过7000亿元。“十四五”期间，高速公路仍处于建设高峰期，投融资规模依旧面临爆发式增长。进一步深入探索高速公路项目投融资创新模式，成为促进行业投融资能力可持续发展的重要支撑。

为有效发挥公司在优化结构、畅通循环、稳定增长中的作用，结合江苏省高速公路投融资实践，江苏交控持续探索研究能够有效构建多元化资金来源、提升可持续发展能力的投融资可行模式，在过江通道张靖皋大桥项目上，开展了“施工承包+股权投资”模式试点。该模式核心特点为施工标段中标人的关联方需按确定的比例投资项目公司相应股权，同时遵循江苏省交通建设工程局（以下简称“省交建局”）建设管理权不变、江苏交控经营管理权不变、股权投资不承诺收益兜底、省市股东处于控股地位等总体原则。“施工承包+股权投资”模式为同类项目及其他高速公路项目投融资模式提供了参考。

张靖皋大桥项目效果图

二、经验做法

（一）确定社会资本引入规模

张靖皋大桥起点接如皋市沪陕高速公路，经靖江市民主沙岛，终点接张家港疏港高速公路，分跨江大桥、北接线、南接线三部分，路线全长约29.8公里。采用高速公路标准，共设置2座过江桥梁，分别为采用主跨2300米悬索桥方案（主跨长度现居世界第一）的南航道桥和主跨1208米悬索桥方案的北航道桥。2020年11月，江苏交控联合省交建局召开了项目投资建设创新研讨会，明确了项目实施“施工承包+股权投资”模式，并根据高速公路跨江大桥建造工艺特点，确定纳入“施工承包+股权投资”的施工范围为南航道桥和北航道桥桥塔、锚碇，跨江桥引桥（含南引桥、北引桥、民主沙引桥）的下部结构以及南北接线路基、桥涵，根据建设时序分为三个阶段依次招标。综合考虑工程规模、施工难度、利润率及品牌效应等因素，结合市场调研情况，确定了每个阶段的投建比。根据江苏省发展和改革委员会核定的工程初步设计方案，张靖皋大桥项目概算总投资约311.67亿元，其中项目资本金约155.83亿元（占总投资的50%）。按建安费规模及投建比，兼顾确保省、市平台绝对控股地位（绝对控制线为67%）等因素，张靖皋大桥项目社会资本引入规模约为45.14亿元，占总资本金规模的28.97%。

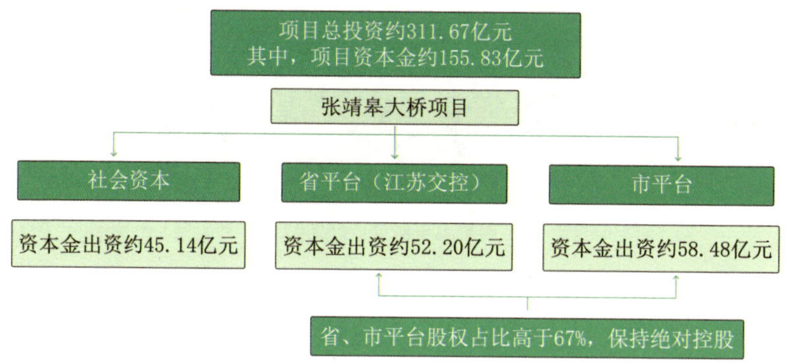

张靖皋大桥项目资本金出资结构图

（二）划分省、市股权占比

在此方案下，省、市平台股权占比合计71.03%。为减轻资本金筹措压力，最大化发挥省级资本金带动效能，江苏交控股权占比按照否决性控制线（超过三分之一）设置为33.5%，省、市两方资本金出资本比例分别由正常模式下的54.09%、45.91%下降至33.50%、37.53%，相应分别减少资本金出资约32.08亿元、13.06亿元，极大减轻了省、市资本金出资压力，激发了各类资本的投资积极性。

（三）设置投资管理主体

江苏交控统筹考虑系统内相关平台投融资能力及路网区域化管养

趋势，确定了由江苏扬子大桥股份有限公司（以下简称“扬子大桥公司”）作为本项目省级投资主体，根据扬子大桥公司经营情况，确定本期投入的项目资本金为约31亿元（对应股权占比为约20%），资本金缺口部分21亿元（对应股权占比为约13.5%）由江苏交控本级承担投资任务。同时，根据前期确定的江苏交控经营管理权不变的基本原则，项目在建成后委托具有丰富项目公司运营经验的扬子大桥公司经营管理。

（四）规范法人治理结构

根据项目分阶段建设和引入社会资本的特点，江苏交控将项目公司组建对应分为三个阶段：第一阶段由省、市投资平台及该阶段施工暨股权投资招标确定的社会方股权投资人共同成立项目公司，注册资本为约93.62亿元；后期由省、市投资平台及第二阶段、第三阶段招标确定的股权投资人依次以增资扩股方式对项目公司进行股权投资，分别增资约25.10亿元、37.11亿元；至第三阶段增资完成后实现全部155.83亿元资本金到位。其间每一阶段，省、市投资平台股权合计占比均保持71.03%，确保国有资本绝对控股地位。此外，为保障省方对项目公司的绝对控制权，项目公司设董事会，董事会成员有5人（含职工董事1名），分别由省方联合推荐2名（含董事长）、市方联合推荐1名、社会资本方联合推荐1名；设监事会，监事会成员有3人（含职工监事1名），分别由省方推荐1名（监事会主席）、市方联合推荐1名。

三、成果成效

（一）更好发挥投融资主渠道功能

“十三五”期间，江苏交控通过创新融资渠道、引入社会资本，全力保障重点高速公路项目建设资金需求，在高速公路投资任务超过800亿元的情况下，确保了重大项目资金保障率100%。通过探索实施“施工承包+股权投资”模式，江苏交控积极响应了江苏省委、省政府关于引导和鼓励社会资本积极进入交通领域、参与省内高速公路重大项目股权投资的政策导向，有力支撑了国家加快形成“国内大循环为主体”的新发展格局。

（二）有效破解“钱从哪里来”难题

“十四五”期间，江苏省高速公路项目投资任务将持续保持高位态势。按张靖皋大桥项目总投资概算311.67亿元计算，若成功引入社会资本，省、市资本金出资比例将从原先的100%降至71.03%，可减少资本金出资约50亿元，极大提升省、市资本带动作用，激发社会资本活力。

（三）构筑引入社会资本高质量发展新常态

江苏省长江江面较宽，通航、环保等相关建设条件限制较多，过江通道工程技术难度普遍达到世界级，实施“施工承包+股权投资”模式，能够助推社会资本实现过江通道建造技术的重大突破。在此种模式下，江苏交控进一步延伸了与社会资本合作的广度和深度，在装配式建筑、设备租赁、土地综合开发等方面拓展了新模式新业态的探索空间，构筑了引入社会资本高质量发展的新常态。

发挥平台作用　打造高速公路“投资+优势共建”管理新模式

——江苏省高速公路经营管理中心

一、基本情况

江苏省高速公路经营管理中心（以下简称“高管中心”）成立于2002年12月，2005年3月经江苏省政府批准，划转江苏交控管理，2015年3月被确定为公益二类事业单位，实行事业单位企业化管理，主要从事高速公路项目投资、工程建设、营运管理、企业运作及所属资产的经营管理等，所辖已通车道路（桥梁）有南京机场高速公路、宁宣高速公路（宁高段）、宁连高速公路、宁通高速公路、通启高速公路、宁洛高速公路（江苏段）、崇启大桥、金马高速公路、宁连公路，管养里程达786.53公里。截至2021年底，高管中心（含托管企业）转换报表资产总额450.21亿元，同比增加18.27%；转换报表整体资产负债率22.09%，同比下降2.86%；2021年全口径营业收入48.86亿元，利润19.9亿元。

高管中心作为江苏交控三大投融资平台之一，在构建江苏省现代化综合交通运输体系中，聚焦和服务江苏交控“打造江苏重点交通基础设施建设领域有带动力的投资商”的战略定位，紧紧围绕投资建设一盘棋的战略部署，高效发挥政府还贷型项目投融资主渠道作用，直面行业环境和内部生态压力，以及事业身份所限导致融资渠道较窄和老路占比较大导致运营成本高等难题，积极作为、主动担当，打造组织分明、高效运转的“投资+优势共建”管理模式，实现资金保障能力、投资建设能力、管理组织能力不断提升。近年来，陆续投资建设江广、平广、连淮等高速公路改扩建项目，以及溧宁、高宣、宿泗等多个高速公路新建项目，总里程达295公里，累计完成投资过百亿。

高管中心所属南京机场高速公路主线收费站

二、经验做法

（一）聚力三个关键，增强“造血功能”

持续攻坚“钱从哪里来”难题，在“保供给、防风险、控成本”的原则下多举措拓宽融资渠道、提升经营效益。

一是聚力政策引流。探索事业单位政府还贷公路资产证券化等新型市场融资模式，成为全国首批尝试以资产证券化方式融资的事业单位。利用自身AAA级主体评级、市场化融资信用优良的优势，积极争取信贷规模。开展统贷统还政策研究，对政府还贷公路收费与运营管理的现行政策以及政策导向进行梳理分析，构建省属政府还贷公路投融资发展长效机制。加强对地方政府高速公路专项债券融资政策的分析研究，牢牢把握专项债发行工作风向标，力争进一步扩大发债规模，缓解投资资金压力，同时积极争取中央财政车购税补贴，以较小的资本金投入，撬动较大的投资规模。

二是聚力创新节流。直面管养里程长、路龄老的困难，加快增强道路安全通行能力、压降养护成本新方法、新技术的研究及应用，开展全寿命周期预防养护。高管中心日常养护平均成本约每公里10万元，低于同行业常规水平。将道路养护工程和改扩建项目相结合，“两阶段改造、分车道设计”，提前实现长寿命改造。

三是聚力多元增流。以强化应急处置救援、提升温馨服务水平等为抓手，用高质量的服务保障“引流上路”。聚力稽核打逃，严把收费过程识别、特情审核、数据复核、监控巡查、异常数据推送五个关口，用高质量的稽核管理确保通行费颗粒归仓。聚智路衍经济挖掘，深入推进“交通+”经营开发，持续推进托管企业转型升级，增强盈利水平与反哺能力。

（二）构建三项机制，增强共建效能

发挥主体优势，扮演多重角色，创新建设管理模式，确保项目建成、建好、建优。

一是构建合作机制。充分发挥以往高速公路“自主建设”模式中积累的经验和“省市共建”模式中积累的合作优势，进一步深化企地合作。高质量开展工程建设可行性研究、初步设计等项目建设前期工作，积极承接扩建项目机电及房建工程建设任务，与主体工程建设单位建立常态化合作机制，固化建设管理工作界面，充分发挥各自优势

和活力。

二是构建协调机制。不断提升投资管理能力，深度融合多渠道建设资金，合理分配资金比例，有效维持资金需求与融资能力的供需平衡关系。加强与建设主体间的协作，强化设计阶段的协调统一，确保各专业交叉设计时不漏项、不重复，实施阶段保持动态协调，实现深度契合，推动优势互补，确保高速公路扩建工程在保障运营的条件下顺利实施。

三是构建管控机制。聚焦资金落实、招标采购、财务管理、安全管理、设计变更、质量管控等重点工作，建立健全项目管理制度体系，明确工程建设组织管理机构、管理范围和管理权责，构建扩建工程建设管理的长效机制。

（三）强化三个创新，增强发展动力

加强与知名高校、科研单位、工程建设参建各方的合作，推进科技创新与建设管理的深度融合，加大新技术、新材料、新方法的应用，有效提高工程施工质量和组织管理效率。

一是强化工程技术创新。以解决关键性、普遍性技术问题为导向，着重路用性能，针对性开展课题研究攻关。在京沪高速公路江广段改扩建工程中，开展基于全寿命理念的高速公路改扩建沥青路面结构与材料研究，解决重载交通扩建工程路面结构的耐久性提升问题。开展老路病害无损检测、处治与验收关键技术研究，解决“白+黑”复合路面结构内部脱空的快速检测、处治的问题。

二是强化工程材料创新。立足科技前沿，另辟克难捷径，在工程建设中成功运用岩沥青高强混合料、不粘轮乳化沥青等新材料，特别是创新引入泡沫轻质土作为路基填方，在解决软基处理问题的同时，加快了施工进度，降低了工程成本。

三是强化现场管理创新。深化扩建工程企地合作优势，建立“多方联动”机制，创新工程现场管控举措，对工程重要节点可能出现的各种情况和道路通行状况加强分析和预判，实施信息化动态监管，提升应急处置能力，创新安全隔离防护设施设置方法，提升施工路段安全通行能力，最大限度降低施工对通行安全和通行费收入的不利影响。

三、成果成效

（一）重点项目建设资金有力保障

截至2021年底，溧宁、高宣、宿泗、平广、连淮等高速公路重点项目累计投入建设资金130.87亿元，在建工程的资金保障率达到了100%，政府还贷项目投融资主渠道作用得到高效发挥。与此同时，通过多方努力、积极争取，宁淮、宁洛高速公路收费年限延期获得批准，增强了可持续发展能力。

高管中心所属宁淮高速公路六合南枢纽

（二）在建项目组织实施稳步推进

“投资+优势共建”模式为高管中心在服务国家总体战略、协调区域经济发展上提供了有力支撑。在高速公路新建项目中，溧阳至宁德、高淳至宣城高速公路作为支撑长三角区域一体化的省际快速通道已顺利实施，即将于2022年全线建成通车；盐洛高速公路宿城至泗洪段项目主体施工图设计已获批，正在开展施工招标；沪陕高速公路平潮至广陵段和长深高速公路连云港至淮安段扩建工程已先后进入实际实施阶段。扩建工程在道路不封路、车辆不分流、边通车边施工的条件下，施工安全和车辆通行安全得到有效保障，京沪高速公路江广段改扩建项目被评为“省级平安工地示范工程”。

（三）科技创新应用成果丰硕

高管中心各项创新成果为解决实际问题提供了有效方案，并屡获学会级科学技术奖。“高速公路改扩建沥青路面节能减排与长期服役性能提升关键技术研究”获得2019年度中国公路学会科学技术奖二等奖，“京沪高速江广段路面改扩建关键技术研究与应用”获得2019年度中国交通运输协会科学技术奖二等奖。“宁通高速广九段沥青路面长期性能提升关键技术研究”课题开发的复合高模量沥青混合料已广泛应用于高速公路新改扩建工程路面中下面层结构中，“基于快速养护的高性能超薄铺装技术研究与应用”课题开发的U-PAVE高性能超薄沥青混合料被引入改扩建工程中。

让出行更美好　“苏高速·茉莉花”营运管理品牌探索之路

——江苏交通控股有限公司

一、基本情况

品牌是一个企业存在与发展的灵魂，是提高企业知名度和强化竞争力的一种无形资产，能够为企业创造价值。面对高速公路行业日益激烈的市场竞争，面对公众对美好出行不断攀升的社会需求，江苏交控立足“强富美高”新江苏和交通强国先行示范区建设新要求，以实现“建设人民满意交通”为根本目标，坚持把人民群众获得感、体验感放在首位，深入开展品牌创建，将具备江苏本地文化特色的“茉莉花”与“苏高速”形象有机结合，打造了“苏高速·茉莉花”营运管理品牌，以品牌引领服务，开创了高速公路运营管理新局面。通过构建品牌体系、打造品牌特色、完善运行机制等措施，“苏高速·茉莉花”品牌较好地展示了江苏高速良好的窗口形象，提升了公众出行满意度，发挥出品牌引领发展的叠加效应，有力促进营运管理高质量发展走在全国前列。

"苏高速·茉莉花"品牌标识

二、经验做法

（一）内涵挖掘，开启探索之路

茉莉花是江苏的省花。江苏交控通过深挖苏韵文化内涵，发掘出一朵花——江苏省花"茉莉"、一首歌——江苏民歌《茉莉花》、一条路——江苏品质高速公路"苏高速"的内涵联系，将"高速之路"和"服务之花"有机结合，系统策划和打造出具有江苏高速公路鲜明特色的"苏高速·茉莉花"营运管理品牌。围绕"一条路、一首歌，一簇花、一群人，一抹香、一韵神"，塑造品牌含义，深挖苏韵文化内涵，以"馨、雅、贞、实、慧"为支撑，展示江苏高速公路品牌窗口形象，探索"茉莉花"与江苏高速公路温馨服务理念的深度融合，找准品牌窗口文化的落脚点和支撑点。在长期实践中，"苏高速·茉莉花"品牌文化浓缩为"让出行更美好"的品牌愿景、"提升快速畅行体验感、提升品质服务体验感"的品牌使命、"超越·卓越"的品牌精神和"打造更具情感高速"的品牌内核。

（二）典型培树，夯实发展之路

为打造营运管理品牌标杆，发挥示范引领作用，营造争先创优良好氛围，确保“苏高速·茉莉花”品牌创建工作真正落到实处，江苏交控不断完善考核评比工作机制，开展了夺杯竞赛和品牌评星等一系列评选活动，实现了以品牌创建引领、促进营运管理提升。三年来，江苏交控阶段性完成星级单位评定工作，共评定40个五星级基层单位、253个四星基层单位、104个明星班组和639名明星员工。构建“品牌孵化站”，以基层单位为孵化对象，培育各类营运管理成果落地，在系统内部建立23家品牌孵化站。开展品牌夺杯竞赛活动，累计评选金杯、银杯、铜杯单位21家，营造良好的竞争氛围，有力提升了全系统营运管理水平。江苏交控建立常态化沟通交流机制，举办了“苏高速·茉莉花”品牌论坛，邀请全国多个省市的品牌创建专家和行业精英共聚一堂，共话新形势下营运管理热点与难点。

（三）价值转换，拓宽转型之路

为进一步推动“苏高速·茉莉花”营运管理品牌价值转换，实现经济效益与社会效益双提升，江苏交控以品牌创建为抓手，探索服务区转型新路径，打造主题服务区，为每对服务区量身定制转型升级方案，多个服务区建设成为高速公路上的独特风景、靓丽名片。江苏交控先后引入社会资本10余亿元，配套部分自有资金，完成了近90%服务区的提档升级。江苏全省服务区经营面积由不足60万平方米增加至近100万平方米，业态种类由传统快餐、超市、厕所、加油“老四样”增加至近百种，非餐饮业态占比由24%提升至40%以上。江苏交控创新整租、平台、平台+自营等多种经营模式，截至2021年底，采用整租模式的服务区有62对（占比64%），采用平台模式的服务区有21对（占比22%），采用自营模式的服务区有13对（占比14%）。

东庐山服务区

（四）增强影响，坚持共生之路

江苏交控将品牌管理与高速公路营运管理紧密融合，在高速公路沿线多点开花，设立“苏高速·茉莉花”形象标识，加深品牌视觉记忆。举办品牌征文和演讲活动，全面增强广大员工创建营运品牌的主动性和自觉性。对外借助新媒体，搭建品牌传播渠道和展示舞台，与“魅力高速网”和“中国高速公路”微信公众平台等新媒体建立良好合作机制，宣传品牌创建成效。江苏交控以打造“世界一流品牌”为目标，对标国际先进，分批次、跨领域走出省门，加强与其他地区的文化交流和碰撞，学习国际国内先进品牌创建方法、技术、经验，不断衍生全新品牌内涵，加强品牌的共建交流，与行业知名品牌（广西的“微笑+”、江西的“映山红”、北京的“秋子服务”、湖北的“楚道行天下”）加强学习交流，不断增强“苏高速·茉莉花”营运管理品牌影响力。

（五）接续传承，走好未来之路

江苏交控在全系统基层单位开展品牌站区、品牌班组和品牌之星评选活动、品牌项目孵化工作等活动，在全系统365个收费站、97对服务区和68个排障大队、调度中心等共安装543块“苏高速·茉莉花”形象标识，让“苏高速·茉莉花”的基因渗透至基层一线，持续释放标杆引领效能，持续提升品牌高质量发展动能。江苏交控深入研究新形势下品牌创建工作要点，推动品牌建设与公众服务深度融合，进一步提升品牌美誉度；组建品牌专家智库团队，开展“苏高速·茉莉花”营运管理品牌价值体系研究，挖掘品牌内涵价值和外延价值，进一步提升品牌核心竞争力；深入推进品牌商超、品牌商品、品牌店铺打造，提升品牌商业价值，进一步丰富品牌资产转化形式。

带有“苏高速 · 茉莉花”品牌标识的收费站

三、成果成效

（一）品牌打造有成效

江苏交控深入挖掘茉莉花品质和特征，融合高速公路服务内涵，系统策划和打造具有江苏高速公路鲜明特色的“苏高速·茉莉花”营运管理服务品牌，并构建了品牌管理体系，编制了品牌营运手册，统一了品牌名称和形象标识，连续举办了四届“苏高速·茉莉花”美食节暨厨艺大赛，推动了江苏高速公路服务区影响力持续提升，近年来先后有5万余名同行前来考察调研。

（二）品牌创新有特色

推进品牌建设与运营工作深入融合。充分发挥“苏高速·茉莉花”品牌对高速公路运营管理的推动作用，支持服务区进行“一区一策”式的设施改造、业态升级和经营模式创新，使服务区从单纯的交通流量节点发展成城市的延伸、旅途的驿站和文明的窗口。梅村服务区于2017年改造成国内首家高速公路城市旅行综合体，当年日均接待人数上升20%，营业额接近翻番。以“梦里水乡、诗画江南”为主题打造的江苏阳澄湖服务区成为网红打卡点。芳茂山服务区打造了全国首家恐龙主题特色服务区。2020年国庆、中秋假期期间，“江苏高速服务区甲天下”的话题火爆全网，获得3.4亿人次关注。

（三）品牌价值有提升

江苏交控持续深化“苏高速·茉莉花”品牌运营，驱动业务提质、服务提优、产业提档、效益提升。2015年，江苏高速公路服务区全口径亏损2.59亿元。2018年，“苏高速·茉莉花”创建首年，服务区实现扭亏为盈。2020年，盈利达到2.52亿元。5年间净增利润5亿元以上，有效保障了国有资产保值增值。在此基础上，围绕员工就业、扶贫振兴、民生工程、绿色环保等方面，将品牌能量逐步拓展至区域经济建设和社会发展的更深层次和更广领域。

从“借船出海”到“造船远航”探索服务区经营新模式

——江苏宁沪高速公路股份有限公司

一、基本情况

江苏宁沪高速公路股份有限公司（以下简称“宁沪公司”），于1992年8月1日注册成立，注册资本50.38亿元，是江苏省唯一的交通基建类上市公司。作为江苏交控重要成员企业，宁沪公司紧扣“交通强国”部署，牢牢抓住供给侧改革这条主线，积极探索社会效益和经济效益“双提升”，持续推进服务区经营管理模式创新。2016年起，宁沪公司服务区借助社会资本力量进行高速公路服务区的升级改造，共吸引社会资本投资近5亿元，先后完成了梅村、芳茂山、阳澄湖等多个服务区的升级改造，总计改造经营面积约10万平方米。升级改造后的服务区，既满足了出行群众多样化、品质化的服务需求，也极大提升了公司的经营效益，在承租期内获得每年约1.59亿元的租金收入，实现了低成本撬动大效益。通过“借船出海”，宁沪公司走出了一条具有江苏特色的服务区经营发展之路，形成了民营资本、国有平台合作共赢的局面，实现了以资源换效率、向“黄金通道”要“黄金效益”的目标。

公众出行模式不断改变，未来高速公路服务区要实现高质量发展、可持续发展，必须更加高效、更加开放、更加融合。宁沪公司服务区经营的战略方向也从“借船出海”，延伸为“造船远航”，通过大力拓展服务区运营的内涵和外延，在服务水平、内部管理、“服务区+”、一区一策、主题服务区打造等方面实施精准滴灌。

宁沪公司阳澄湖服务区

二、经验做法

（一）专业化探索强基

一是成立专业化管理公司。宁沪公司强化战略紧迫感和时代责任感，不断加快服务区经营管理改革发展的步伐。2021年2月，宁沪公司作出战略决策，成立了全资子公司——江苏长江商业能源有限公司，将宁沪公司管理范围内的服务区资产和业务整体注入该公司，确保存量服务区高质发展，推动服务区增量经营迈出步伐，努力锻造专业人才队伍，力争实现管理模式输出，走出一条高速公路服务区专业化、市场化、集约化经营的新路子。

二是拓展多样化能源业务。宁沪公司聚焦“国际影响、国内领先”的综合交通商业运营商这一目标，致力于服务区传统及新型能源经营开发和管理业务。近年来，成品油零售市场竞争不断加剧，宁沪公司把握机遇，筹备开通了租赁经营的首个加油站——张渚加油站，迈出了拓展能源业务的坚实一步，取得了经营阵地“内”转“外”、用工成本“高”转“低”、智慧服务“人”转“机”的良好成效。宁沪公司关注新能源业务，主动对接蔚来公司扩容服务区标准接口充电站，布局主流品牌新能源车换电站，积极探索加氢站建设，同时研究光伏发电自用方案可行性。

三是优化成品油采购模式。宁沪公司立足市场、大胆探索，满足社会公众需求，提高能源经营效益，探索建立合格供应商库，根据市场变化召开成品油供应协调会，审慎选择供油单位，每月进行市场询价，确保入围供应商良性竞争，保障油品利润最大化。宁沪公司还充分考虑能源市场大幅波动对油品供应造成的风险，将更多的国有供应商纳入合格供应商库，增强极端情况下的应急保供能力。

（二）信息化步伐提速

一是提升加油站支付体验。宁沪公司启动所属服务区自营加油站SD-WAN（软件定义广域网）网络切换工作，经过试点运行、全面改造、工程验收以及后期调试，目前服务区自营加油站全面启用全新SD-WAN网络。率先在黄栗墅服务区试点ETC（电子不停车收费）加油无感支付，以不断加大的数字化转型力度，以“免现金、免刷卡、免扫码、免下车、零接触”为目标，提升公众出行满意度，“即加即走”的无感加油专用通道获得一致好评。

二是完成“驿云通”平台部署。针对信息迭代这一大势，宁沪公司主动融合江苏交控“云－管－端”架构的建设思路，上线“驿云通”智慧服务区SaaS（软件即服务）云平台，全面打通日常管理、资金归集、数据归集三大模块应用渠道，实现日常管理智能化、数据归集模块化、资金归集在线化，为服务区经营决策提供科学支撑，不断提升服务区智慧化管理水平，为品牌服务区赋能。

三是推进智慧化方案落地。宁沪公司以扬州广陵服务区为试点，搭建智慧化管理平台，以涵盖经营管理、内部管理、安全监管、公众服务、数据分析和外部监管等模块的智慧化建设方案，助力服务区信息化管理。扬州广陵服务区智能停车场、智慧灯杆、光伏小道等功能集成也通过智慧化平台得到完美呈现，为宁沪公司所辖各服务区的推广做出有力有效的探索与实践。

服务区机器人送餐

（三）区域化统筹增效

凭借服务区改革“黄金效益”的积极影响，服务区商超经营和油品销售成为宁沪公司新的利润增长极，新服务区的建设也步入快车道。2020年初，宁沪公司吸收合并江苏宁常镇溧高速公路有限公司，接收所辖茅山、滆湖、荣炳、长荡湖共4对服务区；2021年6月和12月，扬州广陵服务区、武进太湖湾服务区相继建成运营。所属13对服务区“点多、线长、面广”带来的管理难度逐渐显现。考虑到财务管理成本、财务核算效率、财务队伍建设、财务资金调配等客观情况，以及后期新服务区的建成营业、新加油站的投入使用，宁沪公司启动梅村、仙人山和茅山三个服务区财务核算中心筹建工作，推行财务工作区域化管理改革。目前已试点完成仙人山服务区财务核算中心，初步实现“中心点”带动“发展线”、辐射“效益面”的预期成果。

三、成果成效

（一）取得了亮眼的经营效益

在国内众多服务区面临供给侧亟待改革、社会公众要求日趋提高、改造资金不足、经营长期亏损等困难的背景下，宁沪公司服务区升级转型的有益探索，在行业内起到了一定的示范引领作用。服务区升级改造以来，经营效益显著提升，体现了“小实体、大效益”，为国有资本增值做出了突出贡献。梅村服务区自改造完成以来，日均接待人数同比上升20%，日均营业额由改造前的29万元增长到近70万元，节假日最高日营业额已突破100万元；芳茂山、阳澄湖服务区开业后，日均营业收入分别同比增长205%、190%。6对服务区从每年亏损，到2018年营业收入突破1.4亿元，到2020年盈利超2亿元。宁沪公司集约化的管理模式有力巩固了服务区转型升级发展成果，有效提升了运营管理的专业化、市场化和品牌化程度，为打造“三精”服务区，提升服务区、加油站及商业物业资产的商业价值提供了可借鉴的路径。

（二）释放了市场价值潜能和城市地标效应

凭借“一区一主题，一区一特色”，新建和改造后的服务区得到行业内外的广泛好评，多个省、市党政领导班子以及日本、菲律宾同行慕名前来参观。2020年中秋、国庆节假日期间，江苏高速公路服务区登上微博热搜，刷爆朋友圈，迅速火遍全网，“品质高、服务好、景色美”成为江苏服务区的标签，从“旅途中转站”摇身成为“旅途目的地”。阳澄湖服务区获评“最美园林文化服务区”，芳茂山服务区、扬州广陵服务区先后获评为“全国旅游主题服务区”，国务院国资委网站、《新华日报》和《中国公路》杂志等对此相继展开了专题报道。

宁沪公司芳茂山服务区

（三）彰显了服务公众美好出行的社会责任

围绕“快行慢享”服务理念，宁沪公司加快推进“服务区+旅游”“服务区+文化”“服务区+能源”等建设，广泛运用风光互补和太阳能等清洁可再生资源和“智慧停车场”、机器人餐厅、海绵堆场、光伏大道、“智慧公厕”等新技术支持服务区建设和改造；提档升级母婴室、儿童卫生间、第三卫生间、客服咨询等服务设施和服务功能；科学规划和增补公共停车位；围绕公厕保洁等提升“厕所革命”取得实效。

打造“云上服务区”
探索数字经济下高速公路的流量变现

——江苏京沪高速公路有限公司

一、基本情况

江苏京沪高速公路有限公司（以下简称“京沪公司”）是2000年经江苏省人民政府批准成立的国有企业，目前管辖4个路段、总里程约396公里。京沪公司实行三级管理体制，下设7个二级单位、46个三级单位（32个收费站、9对服务区、5个清障大队），现有员工2100余名。京沪公司认真贯彻“创新、协调、绿色、开放、共享”五大发展理念，积淀提炼了“畅和京沪、通达致远”企业文化品牌，生动实践了“六个卓越+六型企业”的“6+6”企业治理新模式，先后荣获中共中央组织部“先进基层党组织”“全国交通运输系统先进集体”“全国工人先锋号”等全国性荣誉14项，获得“江苏省五一劳动奖状”“江苏省文明单位”等省部级荣誉148项。

京沪公司充分依托20多年的服务区自主经营优势，按照专业化管理、市场化经营、信息化运作、数字化转型的思路，以及“让专业的人做专业的事”的理念，于2019年11月重组成立了全资子公司——江苏和泰高速公路经营管理有限公司，着重做好9对服务区经营管理。为跟上互联网时代数字经济发展步伐，京沪公司立足高速公路，依托大数据和“互联网+”平台资源，积极探索“数字经济”下流量变现，开发了“云上服务区”线上运营平台，形成了将高速公路公域流量优势变现为服务区经营效益的营销新模式。

京沪高速公路

二、经验做法

（一）探索“互联网+”运营新模式

自2015年开展服务区“双提升”活动以来，京沪公司先后完成了7对服务区的商业转型升级改造和管理提档升级工作，3家服务区荣获“全国示范服务区”称号。仪征服务区开创性实践“自主经营+平台引商+品牌合作”商业模式，在江苏交控形成“仪征模式”效应，在全省率先实现了商业模式、经营环境、服务质量、经济效益的华彩蝶变。随着移动互联网迅速普及，老百姓的消费观念悄然发生转变，淘宝、拼多多等平台数以亿计的活跃用户已成为社会消费的主群体。由于受疫情影响，“居家消费”“宅经济”“云逛街”消费方式成为主流。高速公路服务区作为商业综合体，具有传统企业重资产、轻链接的属性，过往旅客大多是因为恰巧经停服务区而产生偶然消费，何时会再次经停服务区具有不确定性。怎样让顾客“一生一次”的偶然消费，转变为“一生一世”的黏性消费？京沪公司勤于思考、勇于探索、敢于实践，针对消费群体运用手机上网购物的消费习惯，开发上线“云上服务区”新平台，通过互联网技术将商家与顾客进行有效关联，形成无论顾客走到哪里都能触达的状态，建立起“一生一世”的新消费模式。

京沪公司仪征服务区

（二）搭建“一站式”消费新平台

“云上服务区”通过O2O（将线下的商务机会与互联网结合）结合F2C（从厂商到消费者的电子商务模式）和M2C（生产制造商直接面对消费者的购物模式）概念，把传统服务区线下实体业态搬到“云上”，去除中间环节，实现线上线下销售和服务同步，形成“线下门店体验，线上网络销售”的新零售商业模式。另外，在营运设计上，通过互联网技术对服务区的商业数据进行有效搜集、深度分析和运用，引入扶农助农和乡村振兴的优质项目，并根据公众出行需要嵌入高速公路公共服务项目，形成以服务为抓手，真正贴近顾客需要的“一站式”服务平台。同时，通过在服务区内建设宣传引流设施（如扫码免费直饮水、免费厕纸、定向营销海报等），让进入线下服务区的旅客成功关注“云上服务区”微信公众号，吸引流量聚集，让“云上服务区”不断发展壮大。

（三）开启顾客品质服务新体验

一是“扫码点餐”提升快捷用餐体验感。与城市综合体餐饮服务模式接轨，采取当下主流的顾客入座“扫码点餐”的形式，引导有需要的顾客到店就座点餐，服务员送餐到桌，减少传统点餐台集中排队拥挤和嘈杂的情况，营造舒适、休闲的环境，免费提供茶水、瓜子、水果等，打造高速公路服务区餐饮服务的新场景。二是“精品特产”提升个性需求体验感。商户以入驻形式在平台开店，特产商城以多样化的场馆呈现各色商品，在地方馆内分别建立江苏13个地级市的特产馆，融合省内各城市的文化及地标建筑等，以国潮手绘风进行展示；同时，设置春夏秋冬“季节馆”、传统节日馆、“非遗”馆等各类主题展馆，满足顾客个性化消费需求。三是“综合服务”提升品质服务体验感。始终坚持“服务顾客、方便出行”的导向，科学分析出行旅客需求与心态，主动对接高速公路功能服务合作方，通过整合有效资源，在“云上服务区”内集成一个包含视频路况、道路救援、高速客服等功能的“服务+”出行工具包，竭力让高速公路信息化建设成果真正成为公众出行江苏高速公路的贴心助手。

三、成果成效

（一）提升了数字运营管理能力

自运营以来，“云上服务区”始终秉持“流量是核心”的理念，通过“扫码点餐”及其他渠道的吸粉引流，将公域流量逐步转化进“云上服务区”的私域流量池内。在获取流量数据后，通过数字化手段形成大数据顾客画像，有效转化为私域流量和信任用户，并生成精准的顾客消费画像数据，这些数据可以在商城商品选择、餐饮多样性等方面为服务区提供参考。截至2021年底，服务区“扫码点餐”使用率达95%以上，公众号粉丝数达4.55万人，并以日均新增粉丝900人的速度稳定增长，待京沪高速公路改扩建完毕，车流量恢复，流量数据将得到大幅增长。

服务区“扫码点餐”

（二）彰显了企业社会责任担当

京沪公司积极响应江苏省委、省政府“万企联万村、共走振兴路”行动号召，在“云上服务区”推出“精品特产”功能板块。目前，已引入59家土特产商户入驻，汇集省内13个地级市的870余种土特产。线上商城用户持续积累，规模不断扩容，既宣传了地方特色和地方文化，也把“消费助农”理念注入乡村振兴项目中，带动产业链，增加农民就业和收入，更好地彰显了国企担当和社会责任。

（三）拓展了产业经济发展空间

“云上服务区”是京沪公司将传统服务区线下实体经济向数字经济转型的一次有益尝试，更是将服务区信息流、人流等流量资源变现为消费资源、会员资源的有效实践。未来江苏高速路网每年通行的车辆将高达14亿辆次，按平均16%入区率、每车2人测算，服务区日均人流量将达120万人次。据测算，在“十四五”期间江苏高速将沉淀1000万粉丝数据，将会为江苏交控带来巨大的商业价值。

坚持创新共享
打造系统性资金保障体系

——江苏交通控股有限公司

一、基本情况

近年来，江苏交控在推进“交通强省”建设进程的同时，也面临着“钱从哪里来”的压力。一是资金保障压力，为全力支撑综合现代交通运输体系构建，“十三五”期间，江苏交控管辖高速公路年均投资任务达167亿元，其中，资本金出资任务57亿元，考虑金融和“交通+”两大产业投资等因素，年出资规模已远超经营现金净流入，资金保障难度持续加大。二是财务管理压力，高强度、快节奏、大规模的投资逐渐转变为财务指标压力，近年来，江苏交控资产负债率出现小幅上升趋势。此外，随着高速公路建成通车，刚性成本持续上升，边际收益持续递减，路桥板块整体盈利水平受到冲击。在各类因素影响下，江苏交控综合交通投融资主渠道的作用发挥在一定程度上受到制约。对此，江苏交控按照“保供给、防风险、降成本、创效益”总体要求，以实现集团资金保障有力、报表结构稳健为“双重目标”，坚持创新和共享两大主线，积极打造系统性财务保障体系。

二、经验做法

（一）战略谋划四类资源，分散企业投资压力

系统谋划，统筹推进政府资源、社会资源、金融资源和企业资源四类资源高效配置、协同统一。一是政府资源方面，资本端积极争取上级补助资金、车购税返还、国有资本收益返还、地方债券支持、税费减免等支持；资产端放大政府还贷平台功能、推动以市为主的建设模式、协调优质资产注入。二是社会资源方面，在支持宁沪高速（600377、0177HK）、江苏租赁（600901）两大上市公司发展的基础上，加快拟上市公司的培育和梯队建设，储备中国交通建设集团有限公司、中国铁路工程集团有限公司等战略投资预备队。三是金融资源方面，持续开拓银行、券商、保险公司等外部金融机构，保持高授信额度。四是企业资源方面，完善系统内金融机构协同功能，提升金融产业对交通主业的反哺能力。

（二）多元布局融资通道，强化资金保障能力

保持外部融资和内部挖潜、直接融资和间接融资、权益融资和债务融资、境内融资和境外融资“四个平衡”，全面打造“四大融资通道”。一是建立以“两大市场（银行间市场、交易所市场）、三种储架（储架债务融资工具、储架公司债、储架企业债）”为主，资产证券化、定向工具、含权债券为辅的债券发行通道。二是完善以政策性银行、国有银行、全国股份制银行等为主，优质地方股份制银行及城市商业银行为辅的信贷资源通道。三是丰富以保险公司、租赁公司、信托公司等非银金融机构为补充的多元化金融通道。四是畅通以自营贷款、委托贷款、票据等为金融协同，租赁、保理等为产业协同的内源协同通道。

（三）持续深化创新引领，满足个性融资需求

以创新驱动为引领，实现集团利益最大化和个性化需求协同融合。一是实行全系统直接融资“统借统还”模式，探索项目收费权证券化模式，推进融资模式创新。二是引入保险资金、租赁资金、境外资金等外部金融资源，推进融资渠道创新。三是发行全国首单“长三角一体化建设”暨绿色公司债券、“北向通”债券、信托型ABN（资产支持票据）、江苏省首单乡村振兴债券等债务型融资工具，丰富永续保险债权计划、增资型并购贷款、售后回租、权益出资型票据等资本金融资工具，探索市场化债转股、公募REITs、权益型ABN等新型权益型融资工具，推进融资产品创新。

创新型直接融资工具

（四）高效发挥平台功能，提升精细管理水平

一是深化融资供给保障。优化融资管理模式，推动构建互为依托、互为补充、良性互动的交控本级、宁沪公司、高管中心和金融租赁四大“融资平台”。二是加快资金循环融通。依托财务公司平台，统筹推进资金集中管理和路桥企业融资集中管理，深挖内部资金潜

力，提高资金时间价值和使用效率。三是加强自主精细管控。坚持“以我为主、为我所用”原则，主动加强负债管理，因地制宜配置融资工具。高效打造集团精细化、智能化信息管理平台。

三、成果成效

（一）资金保障体系全面构建

坚持“多元筹集、统筹运作”思路，促进系统内外部资金融通，推进资金筹集、资金结算、资金运用、资金池保障“四大功能”作用发挥，打造成熟稳定的系统性资金保障体系。“十三五”以来，江苏交控累计完成融资过万亿元，重点基础设施资金保障率、到期债务偿付率长期保持100%。

（二）债务融资成本持续压降

江苏交控坚持直接融资、间接融资“两条腿”走路方式，通过合理安排融资活动，灵活调整融资策略，最大限度实现降本增效。新增融资方面，充分发挥江苏交控高资信等级及强议价优势，稳妥提高低成本直接融资占比，同时积极引导间接融资价格下行。存量融资方面，根据中国人民银行要求，2020年，江苏交控完成存量浮动利率贷款定价基准向LPR（贷款市场报价利率）转换，每年节约财务费用约2亿元，贷款全周期节约财务费用约30亿元。2021年，江苏交控新增融资成本为3.26%，年末存量付息债务平均成本为3.75%，成本管控长期保持行业和江苏省属国有企业领先水平。

（三）金融风险防范扎实筑牢

一是提高资本结构配置的全局性和前瞻性。提前谋划四类资源，统筹平衡权益和债务融资关系，合理布局产权配比，形成稳健的报表结构、收益水平、资产质量。二是守牢保障资金安全充裕的底线红线。构建“财务管理部+财务公司+所属企业”三重防线，结合整合、替换、缩短或延长期限等手段，确保到期债务有序衔接，有效避免债务违约、流动性风险等事件发生。三是建立全面风险防控机制。做好融资政策和特色化融资工具研究，防范合规风险和利率风险；强化审批授权管理，规范操作规程，落实内控制度，防范操作风险；持续加强理财产品、现金管理、往来挂账等重点风险领域的监督检查。

（四）品牌市场形象显著提升

江苏交控积极打造以“苏交通”为特色的债券品牌，2020年成为国内首批、江苏唯一的TDFI（中国银行间市场交易商协会第一类成熟层非金融企业债务融资工具）注册发行资格企业，近年来屡获优秀发行人、优秀发行机构等荣誉，持续获得国家发展和改革委员会、上海证券交易所、中央国债登记结算有限责任公司等认可，直接融资规模已过半数，“十三五”期间，江苏交控通过直接融资累计节约财务费用超过50亿元。

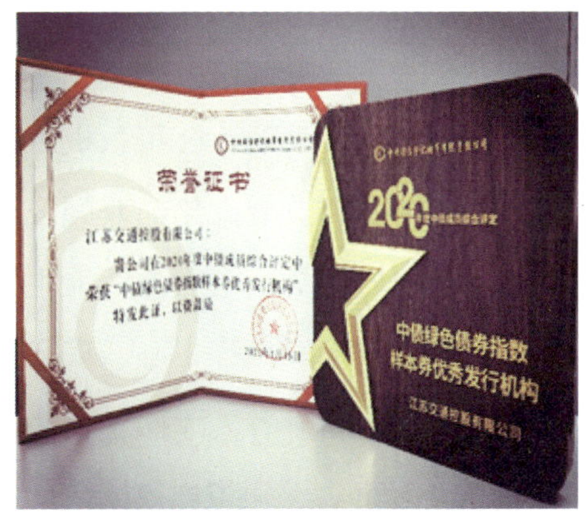

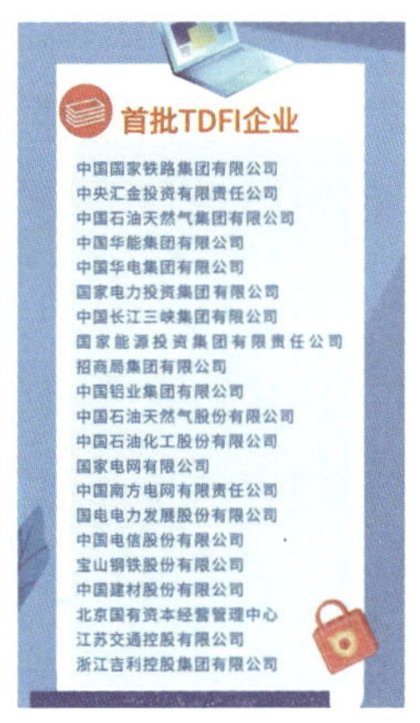

江苏交控债券品牌形象全面绽放

构建规范高效的资金管理平台
当好集团“资金协同”的管家

——江苏交通控股集团财务有限公司

一、基本情况

江苏交通控股集团财务有限公司（以下简称“公司”）于2011年12月经中国银行保险监督管理委员会批准成立，为江苏交控的控股子公司。近年来，随着江苏建设“交通强省”示范区战略的深入推进，围绕“万亿综合交通产业集团”目标带来的大建设、大发展、大跨越，“十三五”期间，集团承担起1400亿元重点交通基础设施项目的投资任务，对公司进一步深化落实集团“资金阀门、金融管家、产业推手”的角色定位提出了更高要求。在此背景下，公司积极对标行业一流补短板，改革创新促发展，坚持集团利益最大化，兼顾公司自身发展可持续化，全面推进资金集中管理与综合金融服务两大主线作用发挥，积极打造集团资金集中管理与平衡保障执行中心、现代产业链金融运营中心、财务顾问研究中心、金融和财务人才储备中心以及交通行业客户价值创造中心。“十三五”期间，公司资产规模增长1.6倍，累计为集团节约财务费用近38亿元，银保监监管评级持续保持一级（优秀）。2021年，公司荣获“全国青年文明号”，江苏省地方金融企业绩效评价获得A级（优秀）。

江苏交通控股集团财务有限公司

二、经验做法

围绕“交通产业银行”的职责定位，公司坚持以结算服务为基础，以资金归集管理为依托，以流动性监测管理为主导，以融资集中管理为支撑，持续完善综合资金集中管理体系，实现资金从流入管理、支付管控、需求预测、融资计划、调度监控到安全预警的闭环管理。

（一）强化资金流入和归集管理

一是扩大资金归集广度。深挖资金归集潜力，拓宽资金归集覆盖面，持续加大对符合监管规定的集团股权关联企业资金归集专题调研和综合服务力度，逐步实现集团所属企业资金集中从“可归集口径”向“全口径”的转变。二是丰富资金归集服务形式。提供协定存款、定期存款、通知存款等多品种选择和组合，在政策限度内上浮存放资金利率。加强对同业存款、银行承兑汇票、票据池等金融工具的深度运用，减少在系统外部游离的资金。以客户名单制管理为抓手，依托结算服务、融资服务、顾问服务等共同促进资金集中。三是健全资金归集管理模式。充分运用市场机制辅以行政支持，持续推进资金归集管理，定期汇总、公布集团所属企业资金归集情况，分析低资金归集度成因，制定解决方案，提供合理建议。

资金闭环管理图

（二）优化资金周转和过程控制

一是提高资金支付使用效能。不断优化通行费划拨、路网管理费等12类托收代付业务，实现ETC资金拆分、移动支付和内部托收自动批量处理。及时调整通行费拆分规则，保障取消高速公路省界收费站点后通行费拆分工作顺利进行。加快实施资金归集和结算RPA（机器人流程自动化）管理，推进“人控”向“机控”转变，做好结算系统优化和功能扩展，支持集团智能化“支付工厂”建设，自公司成立以来始终保持收付零差错、沟通零距离、服务零投诉。

二是做实结算跟踪监控功能。持续完善集团资金账户直连功能，推动与主要合作银行直连工作全覆盖。充分运用区块链、云计算等新一代信息技术，强化集团所属企业账户资金流量和流向在线监控、定向支付、余额控制、预算控制和支付预警等管理。大力推进智能资金综合分析平台建设，构建资金全景视图，实现动态、全方位、多维度的数据实时交互和信息资源共享，为集团不同层级资金管控提供数据支撑和分析依据。

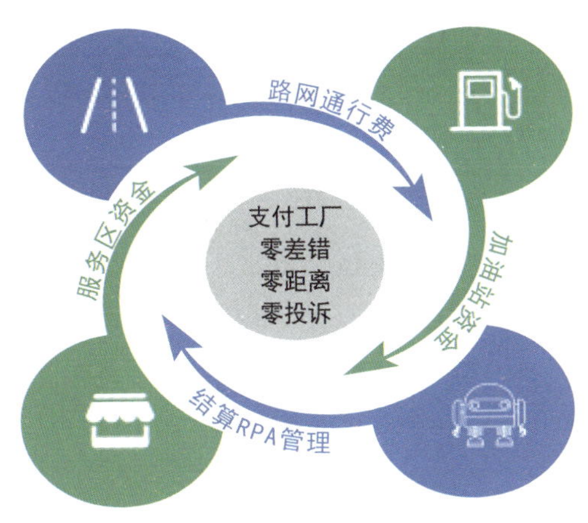

资金结算平台

（三）细化“体外”融资和“体内”供给

一是助力集团完善多层次融资渠道。切实发挥产业金融优势，持续做好全系统债务融资统计、分析和建议。2019—2021年，协助集团累计安排内外部融资4473亿元，年增长率7.1%，融资计划执行偏差缩窄至±1%以内。二是服务兄弟单位债务结构优化。围绕集团所属企业关注焦点和切实需求，提前规划和制定融资计划（方案），一企一策提供降成本、调结构等方面的融资顾问服务，协助落实具体融资事项，实现“需求调研—咨询建议—推进落实—成果落地—完善提升”全程动态跟踪管理。三是保障低成本内部资金供给。充分发挥集团内部融资主渠道作用，争取向监管部门争取信贷规模等政策支持，加大综合授信和信贷投放力度，创新代开信用证、项目前期贷款、法人账户透支等贷款品种，全力保障集团和所属企业建设项目资金和刚性债务兑付需求。2019—2021年，公司累计使用内部资金615亿元，减少外部融资成本22亿元。深化“交财电票”特色品牌建设，支持系统内“双首单”商票突破性运用，打通“票据承兑—贴现—再贴现”全流程，票据承兑规模长期保持在全国交通行业财务公司前列。助推“交通+”绿色产业发展，荣获“2021中国绿色影响力金融服务创新典范”称号。

（四）深化资金安全和流动性管控

一是实施稳健高效流动性管理策略。持续完善集团流动性管理协同机制，多渠道寻找合作伙伴，多手段开展业务，多层次配置资金，推进集团资金安全性、流动性和效益性有机结合。在此基础上，在季度付息、保刚性兑付等关键时点及时补充流动性，做好应急预案。二是提升智慧化流动性监测水平。强化对流动性比例、备付率等重点指标的日间测算和管控，持续跟踪资金动向。2020年初，面对高速公路通行费收入79天为零、支出刚性的局面，加强信息化建设与运营，提高流动性风险预警及在线监测能力。2021年，流动性指标日监测实现系统自动化。

三、成果成效

在集团资金统筹管理战略部署的指导下，公司持续完善资金集中管理体系，为集团和所属企业在提高资金使用效率、保障资金运营安全、促进核心产业发展等方面提供多元化增值服务，逐步实现资金管理从供给保障型向财务共享型和业财协同型的方向转变，公司从金融服务型向决策支持型和价值创造型的方向转变，切实有效提高了集团整体资金价值。

（一）促进集团资金归集更加全面

目前，公司已实现集团所属企业（含事业单位）、工会专户等无政策限制资金应归尽归，并在全国范围内率先开展高速公路服务区商户资金归集。截至2021年底，公司管理的全口径集团资金年末集中度达到87%，可归集月均集中度达到92%，在国内交通集团账务公司中保持前列。

（二）支持集团资金周转更加高效

公司在全国范围内首创通过集团所属财务公司整体划拨路网通行费的模式，截至2021年底，有效减少75%在途资金和95%拆账笔数。构建“总账支付”结算模式，上线代理支付系统，“十三五”期间，公司累计支付结算38万笔，较“十二五”期间增长约4倍。

（三）助力集团资金成本率和使用效率保持行业最优

近年来，公司支持集团资金使用效率持续提升，综合资金成本率不断下探，并长期保持国内同行业最优水平。截至2021年底，集团资金使用效率为5.46%，综合资金成本率为3.50%。

（四）确保集团资金流通更加安全

截至2021年底，公司管理的集团资金每日流动性比例均保持在30%以上，在风险警戒线以上常年留足冗余和安全边际（高出约5个百分点）。公司自成立以来，不良资产、不良贷款始终为零。

试点公募不动产投资信托基金项目
拓展资金筹措新渠道

——江苏沿江高速公路有限公司

一、基本情况

江苏沿江高速公路有限公司（以下简称“沿江公司”）成立于2001年8月，以收费路桥的投资、建设、营运和管理为主要业务，其核心资产包括沪武高速公路（常州至太仓段）、沪苏浙高速公路、太仓港疏港高速公路、张家港疏港高速公路，所辖路段总里程为220公里。

江苏沿江高速公路有限公司

当前，国内基础设施建设逐步从“增量时代”转入“存量时代”。如何有效盘活存量资产、形成良性投资循环，如何多渠道保障资金供给、解决建设资金缺口，成为企业改革过程中必须面对的问题。作为基础设施实现资产证券化及权益性融资的重要方式，公开募集基础设施证券投资基金（以下简称“基础设施公募REITs”）对有效解决上述改革进程中的问题、提升改革效能、支持国有企业长期稳健发展具有积极作用。

沿江公司围绕江苏交控“交通基础设施建设主渠道”定位，依托政策引导和集团支持，在系统内率先试点沪苏浙高速公募REITs项目，不仅为沿江高速公路双向十车道改扩建资本金拓展了新的筹资渠道，而且为优化公司自身资产结构、提升盈利能力、健全市场化经营机制等提供了重要支撑，为集团持续打造稳定高效的权益资金融资体系提供了可复制、可推广的经验参考。

二、经验做法

（一）研究吃透政策

2020年6月，中国证券监督管理委员会、国家发展和改革委员会联合发布《关于推进基础设施领域不动产投资信托基金（REITs）试点相关工作的通知》，我国基础设施公募REITs正式起步。此后，各主管部门陆续出台相关配套细则，基础设施公募REITs制度体系逐步成型。2021年，国家、江苏省政府相继发布“十四五”发展规划，强调推进基础设施不动产投资信托基金（REITs）健康发展的重要性。基础设施公募REITs是将能产生稳定现金流的基础设施资产或项目股权通过一定结构转变为新设公募基金的份额，经国家发展和改革委员会、中国证券监督管理委员会、交易所审批后，由原股东向社会公众投资人（机构和个人）在交易所公开转让部分份额，之后全部份额在交易所上市流通的标准化金融产品。作为江苏交控系统内首家参与基础设施公募REITs的主体，沿江公司主动承担起探索创新融资方式的先行使命，积极推进沪苏浙高速公路公募REITs项目试点。

（二）设计项目方案

基础设施公募REITs是创新型金融工具，市场上可借鉴的参考资料较少。对此，沿江公司与江苏交控、基金管理人等多方共同探讨并制定了匹配自身经营发展需要的高速公路公募REITs方案。

一是构建沪苏浙高速公路公募REITs项目产品架构，即基金管理人成立基础设施基金，并代表基金与资产支持证券管理人（代表“资产支持专项计划”，以下简称“专项计划”）在专项计划设立日取得资产支持证券全部份额；资产支持证券管理人（代表“专项计划”）在专项计划设立日向沿江公司支付购买价款，购买项目公司的股权和减资债权；基金管理人（代表“基础设施基金”）委托沿江公司担任运营管理机构，对沪苏浙高速公路项目进行运营管理；托管人对基金资金和专项计划资金进行托管。在此基础上，沿江公司进一步确定基金管理人、财务顾问、法律顾问、评估机构、审计机构、托管人等项目参与主体，明确了各方职责。

二是经过严格筛选，最终选定沪苏浙高速公路作为公募REITs的试点申报基础资产，为公募REITs正式启动迈出实质性一步。沪苏浙高速公路位于苏州市吴江区境内，全长49.95公里，是连接沪、苏、浙三地的重要交通“纽带”，运营历史已逾14年，资产质量优良，经营效益稳定，2014—2021年，公路全线车流量年化增长率为9.97%，2021年的通行费收入达3.94亿元。

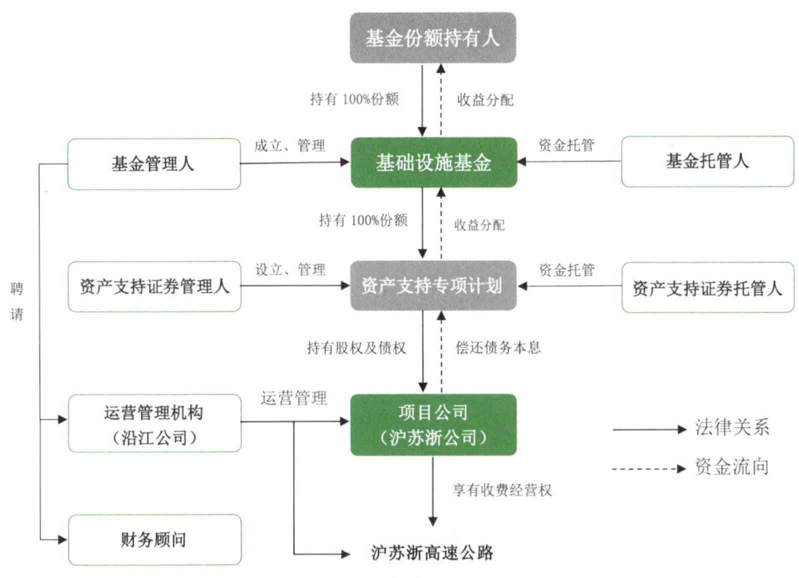

沪苏浙高速公路公募 REITs 产品结构

三是探索“存量带动增量”的滚动发展模式。沿江公司通过发行公募REITs有效盘活存量基础设施资产，释放项目沉淀资金，并将回收资金用作沿江高速公路整体改扩建资本金，实现了“建设/收购—培育—REITs化—回笼资金—再投资”的良性循环。

（三）有效化解难题

由于历史原因，江苏省内绝大多数的高速公路普遍存在“土地使用权证缺失”的问题。在申报基础设施公募REITs过程中，江苏交控、沿江公司积极与江苏省发展和改革委员会、江苏省国有资产监督管理委员会等部门对接，并在主管部门的支持下，完善了沪苏浙高速公路的合规手续，解决了土地使用权证缺失等历史遗留问题。针对高速公路划拨用地部分，沿江公司系统梳理了办理划拨用地不动产权证书的操作流程和办理方式，利用不足2个月的时间，于2021年取得沪苏浙高速公路划拨用地的不动产权证，沿江公司全资子公司、沪苏浙高速公路资产持有人——江苏沪苏浙高速公路有限公司（以下简称“沪苏浙公司”）成为江苏交控系统内首家拥有划拨土地不动产权证书的非上市路桥公司。针对服务区经营性用地部分，沿江公司在行业内率先提出“对符合条件的土地按照作价出资（入股）方式配置”的方案，并取得江苏省政府批示同意。

三、成果成效

（一）助力国有资产保值增值

沪苏浙高速公路公募REITs项目是一类新型的资本运作模式，能够有效盘活存量高速公路资产，降低综合融资成本，提前回收的资金可用于新的高速公路项目投资，实现了高速公路资产“所有权”和“经营权”的分离，促进了“以存带增、滚动发展”的良性循环，有利于国有资本优化，实现国有资产保值增值。

（二）提高公司管理质效和经营效益

一是推进沿江公司资产模式转型。通过沪苏浙高速公路公募REITs，沿江公司和沪苏浙公司相继确立了持有沪苏浙高速公路资产和负责运营管理的权责划分，沿江公司借此实现轻重资产结合的战略转型。二是提升沿江公司盈利水平和现金流状况。沿江公司作为沪苏浙高速公路公募REITs份额持有人，能够持续获得分红带来的投资收益，对沪苏浙高速公路的价值重估亦将产生额外增值收益。此外，在项目运营周期内，沿江公司将通过管理能力的跨区域输出，在高速公路通行费收入的基础上额外获得运营管理费等其他收入。三是完善沿江公司市场化经营管理机制。沪苏浙高速公路公募REITs项目对资产运营水平不断提升的内在要求，推动沿江公司进一步规范作为市场经济主体的行为范式，建立精细化、市场化和长期化的经营管理机制，管理水平和内控质量得到切实提升。四是优化沿江公司资本结构。公募REITs属于权益型融资产品，通过让渡部分股权获得的外部资金均为权益性资金，不会增加沿江公司债务负担。此外，由于沪苏浙高速公路公募REITs项目中的股权转让对价是根据市场认可投资价值确定的，显著高于账面成本，沿江公司资产负债率还将进一步压降。

（三）支持集团和交通基础设施行业发展

沪苏浙高速公路公募REITs模式具有普适性，可广泛用于江苏交控辖下其他高速公路资产的整合与盘活，为集团履行江苏省综合交通基础设施投融资“主渠道”职责，破解“钱从哪里来”的难题，打通“投、融、建、管”全生命周期发展与投融资链条提供了新方向。同时，在项目推动过程中，沿江公司探索出完善路桥资产土地使用权证的新路径，有效解决了高速公路普遍存在的历史遗留问题，为系统内外其他同类型企业提供了可行思路，形成良好的示范效果。

（四）助力经济社会高质量发展

沿江高速公路是长三角区域的重要基础设施项目。沪苏浙高速公路公募REITs项目有利于加快推动沿江高速公路改扩建项目建设，对构

沪苏浙高速公路三白荡大桥

建长三角地区现代化综合交通运输体系，完善长三角地区交通路网，加速区域间交流与融合，提高长三角地区社会生产力、综合实力和人民生活水平，加快周边城镇的城市化进程，促进经济社会持续健康发展等，均起到了积极的推动作用。

聚焦主业　面向市场　实现高速媒体资源的存量盘活与增量开拓

——江苏交通文化传媒有限公司

一、基本情况

江苏交通文化传媒有限公司（以下简称“交通传媒”）由江苏交控和新华报业传媒集团有限公司共同出资组建。自2018年6月成立以来，交通传媒聚焦“交通+传媒”产业定位，以“高质量打造全国高速媒体头部企业”为目标，在稳住传统高速媒体经营“基本盘”的同

江苏交通文化传媒有限公司

时，积极开拓外部市场，丰富经营业态，提升发展水平，扎实推动户外媒体、文化创意、数字媒体等主营业务稳健发展，成为创造江苏高速媒介价值的重要平台。

近年来，随着外部不稳定因素的不断增多，交通传媒经营利润空间受到多重挤压。一方面，高速公路传统户外广告资源拆除量大于新建量，路网可经营广告资源规模不断缩减，政策性风险持续增加。另一方面，面对新冠疫情对户外广告行业的持续影响和数字化广告媒体逐步占据主流的必然趋势，交通传媒经营业务单一、专业化程度不高的经营现状已成为制约发展改革的主要壁垒，进一步强化市场主体地位、推动企业转型升级迫在眉睫。

二、经验做法

交通传媒认真审视市场环境，秉持“以市场为导向、以结果论英雄”的理念，注重扬长补短，加快推进转型升级和动能转换，突出在“转”字上着力用功，倾力攻克发展难关。

（一）明确发展定位，筑牢“转”的硬件基础

一是在盘活存量中做强“实力”。凭借整合经营后的规模优势，迅速融入外部市场，推动资本聚集和产业发展。通过推进全系统媒体资源整合模式落地实施，妥善处理历史遗留问题和利益矛盾冲突，建立更加专业规范的广告经营价格体系、销售方案及操作规程，健全公开透明的经营销售机制，着力打开了国有资产溢价空间，重塑了广告行业经营体系。二是在产业培育中打造“内核”。围绕“精品、创意、一站式”文化工程项目理念，坚持以市场和客户为中心，打造系统内首个文化工程服务平台，在构筑框架采构、推行“自主实施+供应

链”合作模式的基础上，不断完善操作规程、升级产品服务，建立文化工程供应商库，形成项目管理、设计建造、施工管理、委托建造等相融合的“1+1+N”文创项目管理体系，进一步开拓高端会展、大型活动策划、旅游文化项目开发等领域的业务，有效简化烦冗流程，提升办事效率和专业水平。三是在把握优势中瞄准“风向”。围绕商贸服务网，搭建媒体资源、高速出行、信息服务、舆情管控、异业经营等融媒体综合服务平台，打造以“收费机器人”为先行的“线上+线下”联动交互、形式多样的互联网媒体产品。坚持把握数字经济发展方向，以技术赋能，依托江苏交控“云平台”，通过大数据采集分析，推动省级广告设施数字化监控运营系统开发，对传统业务流程进行在线化改造，为广告设施科学管养、媒体资源精准发布和客户营销提供数据支撑。

（二）推动改革创新，保障“转”的强劲动能

一是把“品牌营销”和“公益宣传”结合起来。加快推动产业布局向纵深发展，促进产业链向上下游两端延伸，以公益服务市场化为切入点，加强与地方政府战略合作，先后与苏州、泰州、张家港等地政府机构合作开发媒体资源，签订媒体点位合作协议42份，为城市打造“前哨站”“会客厅”“金名片”；以“全媒体营销”方式，为全国及区域“大客户”提供品牌化、差异化服务，跟进省内大型酒企、车企、通信运营商、商业银行等终端客户，实现销售额近千万元，推动从“单一销售”向“多元销售”转变。

二是把“效能提升”和“风险管控”结合起来。全面实施制度体系化、合同规范化、流程标准化建设，将采购委员会与价格委员会分设开展工作，制定合作商入库和履约考评等6项操作指引，形成应收账款“管办分离、预警管理”动态防范机制，推动广告资源与广告商

户、维保责任主体、合同履行等关联信息的协同联动、预警预告和动态管理。

三是把“市场机制”和“内部激励”结合起来。对标业内头部企业和上市公司，围绕发展业态和产业架构，按照前、中、后台组织架构，建立事业部运行机制，打通“管理、技术、市场”三条线的员工成长通道，大力推行竞争上岗和市场选聘，用“赛马机制”激活人才发展“一池春水”。按计划推动劳动、人事、薪酬“三项机制”改革，丰富多种劳动用工形式，建立绩效考核体系，优化关键业绩指标，有效降低用工成本和风险。

交通传媒服务区镜面终端

（三）优化创业团队，彰显“转”的鲜明底色

一是树立党建引领“风向标”。巩固党史学习教育和“我为群众办实事”活动成果，坚持以“为民服务办实事清单”为实施载体，着力为员工办好事、办实事、解难事；围绕企业改革发展和员工成长成才，多种方式帮助员工拓宽视野、提升能力，切实讲好“企业有前途、人才有舞台、生活有滋味”三个故事，赋予交通传媒“媒好同心”党建品牌和“媒好同行”企业文化品牌更深内涵。二是打好人才成长“组合拳”。坚持人才强企战略，用好行业资源平台，挂牌江苏

交控“人才品牌实训中心”，与南京师范大学新闻传媒学院等单位联合建立人才实训基地，建立传媒“分享汇”等学习介质，为员工搭建互相交流、共同成长的平台，通过岗位培育、校企共育、多措并育，促进职工的从业技能从“单一化业务技能”向“多元化、专业化、高端化职业技能”发展转变。三是搭建干事创业“大舞台”。调整完善《重点工作项目化管理办法》《轮岗交流管理办法》等制度，坚持问题导向、市场导向和价值创造导向，把“工作贡献度”作为绩效考核和薪酬发放的根本依据，实行项目“揭榜挂帅”，建立淘汰机制，激励全员争项目、抢项目、拼项目，促进人员轮岗交流和项目锻炼，实现人岗相适、人尽其才，使人才竞争活力得到激发，员工担当作为、争先创优意识明显增强。

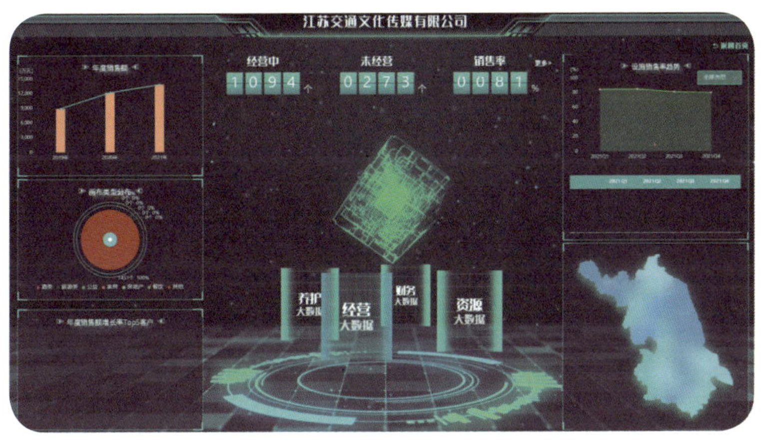

交通传媒高速融媒体服务平台

三、成果成效

（一）保值增值能力更强

交通传媒通过三年多时间的发展攻坚，累计实现利润7220.35万元，总体营业收入和利润年平均增长20%以上，其中文化创意营业收入规模超3000万元。截至2021年底，交通传媒总资产6.74亿元，净资产3.21亿元，资产负债率52.42%，国有资产保值增值率达119.75%。

（二）行业影响范围更广

2020年，交通传媒加入国家、省、市三级广告协会，被评选为“CNAA一级广告企业”，获评南京市“十佳广告经营单位”。为积极融入国家和区域发展战略，交通传媒牵头苏、皖、浙、鲁四省，联合成立泛长三角区域高速公路媒体发展联盟，按下一体化发展“启动键”，不断优化发展路径，破解发展难题，公司转型升级发展典型案例受到国务院国有资产监督管理委员会官网专题推介。疫情期间，公司积极响应国有资产监督管理委员会、江苏交控党委减免政策号召，帮扶中小微企业减租2000余万元，切实减轻企业负担，极大提振了广告企业的发展信心。

交通传媒户外广告牌

（三）创业发展后劲更足

交通传媒采取系列举措丰富党管人才工作实践，推动提升经营管理、市场营销、创意设计、工程技术等方面的人才专业化程度。

2021年，交通传媒有8人取得中高级广告审查员资格，10余件作品在“中国长城奖”等国家、省、市级广告协会组织的比赛中获奖。目前，公司员工中，研究生和中级职称以上人数占比50%以上，35岁以下的专业人才占比超过70%。

（四）社会品牌形象更优

交通传媒结合“建党百年”“党史学习教育”“江苏交控成立二十周年”等活动主题匠心打造的多个精品项目，受到了业内广泛赞誉。与共青团江苏省委员会、江苏省交通运输厅、江苏省交警总队、江苏省疾控中心、新华报业以及各地市县政府多次组织面向社会的公益宣传活动，引起了广泛的舆论影响。2021年，交通传媒巾帼团队被授予“江苏省巾帼文明岗”称号。交通传媒已逐步成为江苏交通领域宣传企业品牌，是展示党建、企业建设成果和行业风采的重要阵地。

擘画能源“三商”新蓝图 谱写百年天电新篇章

——南通天生港发电有限公司

一、基本情况

南通天生港发电有限公司（以下简称“南通天电”）前身为天生港电厂，由中国民族企业家张謇先生于1921年创办，是江苏交控旗下历史最悠久的企业，先后获得“全国五一劳动奖状”、原电力部首批“双文明单位”、国家电力公司“全国一流火力发电厂”等荣誉称号。目前，南通天电有职工近千人，主要从事电力、热力及相关成品生产销售，能源投资、能源服务等业务。

南通天生港发电有限公司

自成立以来，南通天电始终以服务地方经济发展为己任，深耕能源电力领域。历经不同历史阶段，南通天电不断发展壮大，曾经创造过辉煌业绩。近年来，国家能源产业政策发生过多轮大调整，特别是国家大力推进大气污染防治行动计划以来，对传统煤电的污染物排放要求越来越严格，机组升级改造压力持续加大；加之煤炭等资源价格不断攀升，煤电行业普遍面临着经营环境不佳、盈亏不能平衡甚至生存困难的艰难处境。南通天电作为一家以煤电为主的老企业，产业结构单一、规模效应不强的问题也日益突出，并逐渐演变成制约发展进步的瓶颈。为此，南通天电积极探索适合本企业特点的改革创新思路和方法，确立了向能源“供应商、投资商、服务商”转型的目标，以改革创新为手段，积极优化产业布局、破解发展瓶颈，盘活存量、扩大增量、优化总量，进一步释放改革活力、激活发展动力，加快向一流综合能源企业转型的步伐。

二、经验做法

（一）盘活存量，做精能源供应商

一是依托技术创新推动提档升级。面对电力改革深化和能源低碳发展的新形势，南通天电按下33万千瓦老机组技改“加速键”，组织实施汽轮机提效改造工程，有效降低供电煤耗，使机组运行指标处于同类型机组前列，极大提升了机组的经济性，积极响应了国家“双碳”目标的要求。开展宽负荷脱硝等机组灵活性改造，增强机组深度调峰能力，为后期参与辅助服务市场创造条件。完成斗轮机无人值守、数字化煤场改造等工程，不断探索智慧电厂建设，全力打造更安全、更环保、更经济、更高效的智慧发电企业。

火电机组提效改造

二是依托资产收购扩大供热市场份额。热电联产是煤电企业降低成本，提高企业经济、社会效益，进而提升市场竞争力的重要途径。为进一步拓展供热市场、提高发电机组经济性，南通天电密切跟踪政府产业规划，抢抓机遇、主动作为，成功收购了南通新兴热电有限公司，年新增供热市场份额约45万吨，创造了新的利润增长点，而且取得了以热定电增加的电量计划及小机组关停后的三年替代电量，对稳定33万千瓦机组的运营、提升企业经济效益发挥了重大的作用。此次收购，使得高效率大机组替代原有低参数小机组供热，大幅减少了污染物排放，产生了极大的社会效益。

三是依托业务创新实现多能联供。面对火电经营不佳的形势，南通天电加快拓展新业务，在深入调研周边企业的基础上，于2021年5月开展“压缩空气集中供应”项目建设，同年11月28日顺利建成投产，年供气量约4.5亿标准立方米。该项目是南通天电利用现有火电机组，从传统热电联产向多能联供转型、打造区域综合能源服务平台的重要里程碑，不仅丰富了企业供能模式、创造新的利润增长点，还提升能源梯级利用率，进一步提高机组经济性。

（二）扩大增量，做新能源服务商

一是开拓电力运维市场。作为百年电力企业，南通天电打破过去电力企业基地式发展的传统思维“围墙”，发挥自身人员、技术优势，践行走出“围墙”战略，积极拓展电力运维市场。南通天电依托所属企业搭建资质齐全、机制灵活、贴近用户的运维平台，坚持高起点树立品牌、高标准保障服务、高端化拓展市场，成功承接了多个风电运维与电气试验检修项目，开展了昆山京东物流园110千伏变电所基建安装工程、广岛铝业分布式光伏工程总承包工程等电力检修安装业务。通过积极拓展电力运维业务市场，不断扩展企业发展空间，有力推动了企业转型升级。

二是开辟综合能源市场。南通天电加强与当地政府合作，依托产业园区开拓综合能源点建设。2021年，南通天电中标南通苏锡通科技产业园区能源项目，取得了100平方公里园区综合能源开发利用的资源。公司依托园区企业开展电、热、气、冷多能联供服务以及能效分析、设备运维等综合服务，并组织实施了多个屋顶分布式光伏项目，通过打造园区综合能源项目样板，为后续开拓综合能源服务点建设市场积累经验，进一步增强企业生存发展的竞争力。

三是开发电力销售市场。面对日益深化的电力市场改革，南通天电主动破解体制机制难题，把握市场竞争主动权，稳定发电主业“基本盘”。积极开拓售电用户市场，近三年累计签约售电客户近千家，签约电量达70余亿千瓦时，为各类客户特别是中小客户降低用电成本超2亿元，有力支持了地方实体经济发展。此外，南通天电还为售电用户提供电气试验、节能诊断等增值服务，增加用户黏性的同时也扩大了运维市场份额。通过逐步建立稳定的市场用户“朋友圈”，在保障南通天电完成生产经营目标的同时，增强在电力市场改革中抵御风险的能力。

（三）优化总量，做强能源投资商

一是以处置整合优化闲置资产。面对过去长期积累的闲置资产，南通天电强化管理，摸清资产底数，运用政府回购、公开拍卖等多种方式优化闲置资产，完成沙洲灰场2479亩长期闲置土地以及远泰海运长期亏损企业等重大资产处置工作，回笼资金约4.8亿元，不仅让“包袱”变财富，也为企业“轻装上阵”高质量转型发展创造有利条件。

二是以合作开发扩大风电容量。南通天电积极拓展风电等新能源市场，抓住新能源发电产业迅速发展机遇，积极参与风力发电项目股权投资。2019年，通过与龙源电力集团股份有限公司、龙源盐城大丰海上风力发电有限公司合作，南通天电完成了龙源盐城大丰海上风力发电有限公司30%股权投资，推动风电权益容量累计达到26万千瓦。该项目投产后投资收益丰厚，经济效益明显。

三是以项目并购扩大光伏容量。2020年7月，宁夏中科嘉业海原高崖光伏复合发电项目完成备案，备案容量20万千瓦，并已纳入2020年光伏发电国家竞价补贴范围项目名单，属优质新能源项目。获得上述信息后，南通天电持续跟踪、积极沟通，成功参与上述项目并购，占股45%；同时抢抓时间节点，项目于2020年底顺利投运，确保享受补贴

宁夏中科嘉业海原高崖光伏复合发电项目

收益。该项目使南通天电实现光伏容量零的突破，也进一步优化了公司的能源结构，为将来的绿色证书交易创造有利条件。

三、成果成效

（一）资产运行持续向好

2021年，在煤价大幅上涨、发电机组负荷波动较大、火电行业普遍巨亏的情况下，南通天电扛住压力，主动求新求变，保障了公司的综合盈利能力，逆势实现利润1.2亿元，成为行业内为数不多的盈利企业，荣获2019—2021年度“江苏省文明单位”称号。截至2021年底，南通天电总资产40多亿元，资产负债率33.33%，资产持续健康运营，实现了国有资产的保值增值。

（二）清洁能源取得突破

随着大丰海上风电项目等的落地，南通天电的风电权益容量达到26万千瓦；2021年，宁夏光伏项目并购工作的顺利完成及如皋光电园等分布式光伏项目的成功投运，南通天电又新增光伏权益容量9万千瓦。在国家推进碳达峰、碳中和重大战略进程中，助推南通天电由传统的火电企业向绿色低碳能源企业转型，迈出了关键性的第一步。

（三）成功实现企业转型

截至2021年底，南通天电风光火发电权益总容量突破200万千瓦，在电力、热力、压缩空气多能联供方面积累了丰厚的经验，并拓展延伸至电力工程总承包、电力设施运维、新能源投资、码头接卸等上下游产业。南通天电顺利实现了向综合能源“供应商、服务商、投资商”的转型，为推动企业成为区域内一流综合能源企业，谱写了下一个百年新篇章。

御“风”而起　向“光”而行 书写国企改革“绿色答卷”

——江苏云杉清洁能源投资控股有限公司

一、基本情况

江苏云杉清洁能源投资控股有限公司（以下简称“云杉清能”）是江苏交控“交通+”产业板块的重要组成部分。作为江苏交控新能源战略的实施主体，云杉清能坚持“风光并举、海陆并进”的发展战略，坚定不移走生态优先、绿色低碳的高质量可持续发展道路，对标行业标杆，积极参与市场竞争，持续完善权责法定、权责透明、运转协调、制衡有效的法人治理结构，不断推动企业治理体系和治理能力的现代化。

根据《江苏省能源发展规划》，云杉清能主动对接国家能源战略和江苏省高质量发展要求，依托江苏交控的大型国企品牌和充裕资金等优势，创新拓展“路衍经济通道、项目合作通道、企地共赢通道、数字发展通道”四大通道，实现了从交通路网光伏项目到大型地面集中式电站，再到海上风电项目建设的两轮跨越式发展。截至2021年底，云杉清能下辖全资子公司5家，控股子公司5家，参股公司3家，光伏电站总数达63座，风电项目3个，总装机容量526.6兆瓦（含权益装机），全口径总资产64.76亿元，成功打造了具有时代特征、交通特点、国企特质、交控特性、清能特色的绿色智慧综合能源示范样板，为推动江苏交控产业结构调整、节能减排、绿色发展等做出了积极的贡献。

云杉清能如东 H5# 海上风电项目

二、经验做法

（一）拓展交通闲置资源的“路衍经济通道”

一是“变闲为宝、倚路为景”的高速公路枢纽互通光伏新应用。2018年2月建成并网发电的G15沈海高速公路江苏段的南沈灶、兴桥、白蒲、蔡桥四个互通区13.58兆瓦光伏项目，开创了功能协调、景观优美的高速公路互通区园林式光伏应用生态模式，实现了交通基础设施资源综合利用与节能减排、经济效益、社会效益相统一。二是“自发自用，余电上网”的服务区屋顶光伏新应用。根据服务区建筑物屋顶条件，因地制宜制定方案、铺设光伏组件，采取自发自用、余电上网模式，实现了清洁电力的就近消纳，自发自用比例达85%以上。三是“电站车棚化、车棚电站化”的服务区停车棚光伏新应用。充分利用高速公路服务区大面积的停车区域，在实现大小车分流的条件下，建设停车棚光伏电站，形成了独具特色的“绿色阳光车棚”，实现了“电站即车棚、车棚即电站”的有机统一。

（二）拓展产业链及社会资源的“项目合作通道”

一是“光伏+生态农业”新模式。云杉清能在徐州、盐城两地建成两座“现代农业+清洁能源”电站，装机容量46兆瓦，在农业大棚上安装太阳能光伏组件发电，在棚内开展草药、蔬菜农业种植，土地资源得到集约化、立体化综合利用，实现了科技光伏与现代生态农业的有机融合。二是“光伏+乡村振兴”新模式。云杉清能在徐州建成1座集中式扶贫光伏电站，装机容量20兆瓦，电站每年提供扶贫专项资金120万元，定点扶贫徐州范楼、师寨、大沙河、宋楼、孙楼5个镇（街道），对接建档立卡低收入人口7557人，确保了贫困村的长期固定收益，为地方整体脱贫提供了稳定的经济支撑。三是“光伏+绿色制造”新模式。为助力生产制造企业绿色低碳发展，云杉清能投资建设徐州徐工汽车制造有限公司、贝特瑞（江苏）新材料科技有限公司、科华控股股份有限公司、徐州华东机械有限公司等多个屋顶分布式光伏项目，所发电量由企业直接消纳，实现了清洁能源电力的就近消纳，避免了电能的远距离输送，强化“清洁能源+绿色工业”协同发展，打造了光伏产业赋能绿色制造的新标杆。

（三）拓展服务区域经济的“企地共赢通道”

云杉清能依托江苏交控与地方交通基础设施的投资建设，一方面主动融入地方区域经济发展规划，提前布局推进启东、滨海、射阳等地海上风电项目前期工作，积极参与当地海上风电项目；另一方面扩大新能源产业“朋友圈”，分别与中国三峡新能源（集团）股份有限公司、国家电力投资集团有限公司、龙源电力集团股份有限公司等行业标杆签署战略合作协议，进一步拓展了新能源产业投资规模。

2018年，江苏交控与南通市签订战略合作协议，由云杉清能投资建设如东H5#海上风电项目，项目总装机容量300兆瓦，共75台风机，配套建设一座220千伏海上升压站及一座陆上集控中心。面对施工难度大、海况复杂、作业窗口期短等困难，云杉清能聚焦“模式、进度、成本、质量、安全”五大关键点，在模式创新立标杆、加压推进抢进度、开源节流降成本、精益求精优质量、从严从紧保安全五个方面实现“先人一步”，确保2021年10月前实现全容量并网。该项目的全容量并网是江苏交控以交通项目为抓手，推进与地方政府实现资源深度合作的探索与实践，实现了企地合作共赢、产业良性循环发展的良好局面。

（四）拓展综合智慧能源的“数字发展通道”

一是创新研发“云杉智控”数据平台。智控平台以生产管理为主线，以业务管控为核心，采用“五层八系统”体系架构，即展示层、核心应用层、支持层、集成层、数据层五个层级，采购管理、合同管理、投资管理、建设管理、海事管理、生产管理、安全管理、绩效管理八个核心应用系统，搭建了集人、财、物、信息等资源为一体的协同工作平台，将数据信息转化为分析决策的支撑，实现业务发展与信息技术的双轮驱动，有力推动了智慧国企数字化转型。二是创新“集中监控+无人值守”运维模式。云杉清能针对光伏项目体量小、分布广的特点，创新升级智慧电站运维管理模式，通过区域化集中监测、统一运维管理，实现远程24小时在线监测运维，使“被动抢修”彻底转变为“主动运维”，不仅提升了运维管理效率，消除了人工运维盲区，还节约了运维成本。三是创新打造数字化“智慧风场”。如东H5#海上风电项目离岸距离远，覆盖海域面积广，自然环境千变万化，云杉清能联合华东勘测设计研究院共同研发打造海上风电智慧风场，集聚工程建设指挥中心、工程项目管理系统、人员定位、安全管理系统、海洋气象辅助支撑系统及一体化信息采集等功能。横向上，覆盖从风电生产到运维的全生命周期管理；纵向上，向上部署集中监控、健康管理等云端服务，向下提升单机智能化水平，使风机具备数据预处理能力。通过运用大数据、智能控制、智能决策等，实现最优资产配置、最高利用效率、最少成本支出和最大经济效益。

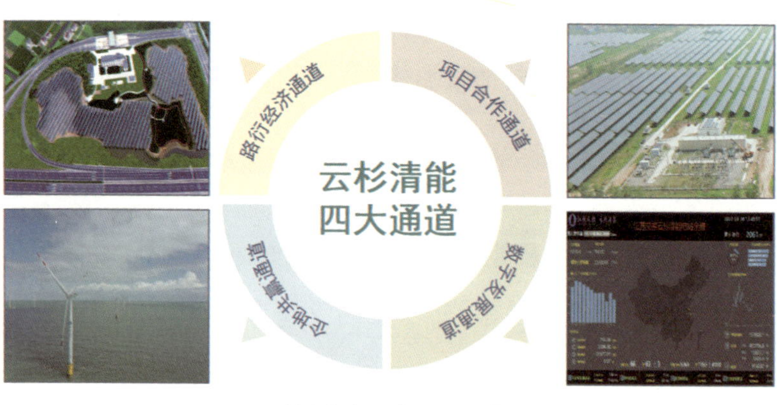

云杉清能发展“四大通道”

三、成果成效

（一）围绕主业，反哺综合大交通

云杉清能深入践行江苏交控“项目投资+资源整合”发展模式，融入地方区域经济发展，通过地方政府支持云杉清能拓展新能源业务、云杉清能参与地方清洁能源项目投资和缴纳税费，在支持地方低碳绿色发展的同时，通过项目收益提升业务规模，“反哺”江苏交控交通基础设施投资建设，预计每年为江苏交控贡献利润3亿元，为当地政府贡献税收近1亿元。此外，通过带动建筑、建材、发电设备等行业的发展，也间接推动了地方经济的发展。

（二）风光并举，践行绿色大发展

云杉清能坚持“风光并举，海陆并进”发展战略，经过六年的发展，在高速公路服务区、收费站、互通区光伏应用领域全国领先，其中南沈灶、兴桥、白蒲、蔡桥四个互通区光伏项目作为国内首批创新工程，开创了功能协调、景观优美的高速公路互通区园林式光伏应用生态模式，成为全国“交通+新能源”示范标杆。如东H5#海上风电项目在同批次建设项目中创造了海上升压站最重、海缆路由最长、无功过电压补偿容量最大的历史纪录，是国内首个通过中国电科院长距离海缆无功过电压复核的海上项目，是云杉清能在大型海上风电领域的“开篇之作”，是江苏交控“交通+新能源”产业链的“强链之举”，为后续长距离海缆输电提供了示范样板。

如东 H5# 海上风电陆上集控中心

（三）肩负使命，助力双碳大战略

云杉清能作为江苏交控清洁能源专业化运营投资平台，是江苏交控聚力打造的“绿色新翼”，肩负江苏交控战略发展新使命，坚定不移落实国家“碳达峰、碳中和”战略，通过市场化改革优化经营机制、集约化管理提升运营效能、专业化运营创造品牌价值。云杉清能预计年发电量9.6亿千瓦时，每年可节约标煤29万吨，减排二氧化碳72万吨、二氧化硫313吨，相当于植树约145万棵，对于缓解环境保护压力、推动经济绿色发展有着重要意义，也将持续为江苏交控建成具有国际影响力、国内领先的万亿综合交通产业集团、打造世界一流示范企业贡献绿色力量。

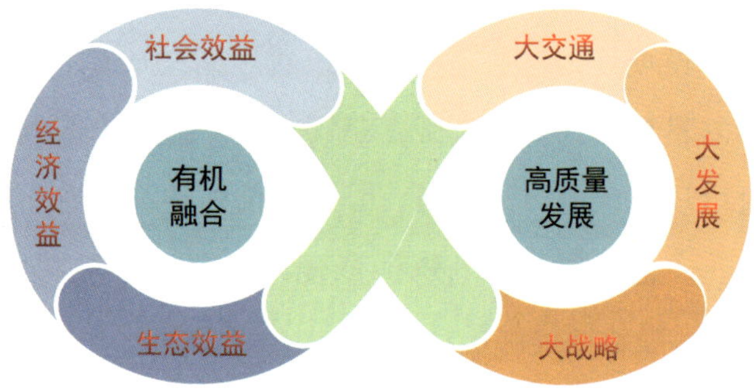

绿色低碳双循环发展理念

二次创业再出发　转型发展谱新篇

——江苏通沙汽渡有限公司

一、基本情况

通沙汽渡于1982年筹建，1984年正式通渡，是国道G204上连接南通市和张家港市的长江过江通道。2005年12月，经江苏省政府批准，运营通沙汽渡的原江苏省通沙汽车轮渡管理处整体划归江苏交控管理。2019年9月，按照江苏省分类推进事业单位改革工作领导小组办公室和江苏交控总体部署要求，实行“事转企”改革，江苏通沙汽渡有限公司（以下简称“公司”）正式成立。

通沙汽渡全景

近年来，受社会群众过江方式多元化、高速公路收费政策调整、疫情防控新要求等因素影响，作为公司主业的渡运产业难以支撑新时期经营发展需求。另一方面，随着“长江大保护”政策的落地以及政府沿江环保规划的出台，港口和沥青两大产业随时面临腾退。公司积极应对新形势和新挑战，立足“十四五”新起点，自2021年起全面开启“二次创业”新征程，以新项目建设为平台，重构三大产业布局，深度融入江苏交控“交通+”产业链和生态圈，高水平推进公司现代化建设。

二、经验做法

（一）擘画蓝图，以新愿景奋进新征程

一是统筹布局发展规划，进一步明确“把通沙建设成高质量的现代化交通产业集团”的发展愿景和“十四五”末实现“总资产20亿元、营业收入20亿元、利润总额2亿元”的奋斗目标，全局谋划重点工作任务。二是全面抢抓战略机遇，聚焦江苏交控大力推进“交通+”产业模式的窗口期，转变观念，主动作为，围绕沥青产业和港口产业，加快全省高速公路材物料保障基地和长江港口物流建设，全面推进企业自身转型发展。三是全面落实战略举措，推进实施“聚力融合、深化改革、创新发展、提质增效”四大工程，积极构建“科学治理、现代财务、人力资源、安全环保、特色文化”五大体系。

（二）转型发展，以新业态展现新辉煌

公司坚持把稳健的经营质态作为企业持续发展的根基，在新发展阶段对三大产业进行重新定位，推动产业模式由生产加工型向商贸服务型升级，实现由过去依靠渡运产业作为主要支撑的产业格局，向由港口产业、沥青产业作为新支撑的产业格局转变。一是做优渡运产

业，让“压舱石”重心更稳。围绕建设“全国领先、江苏一流”汽渡企业的发展目标，积极稳妥应对过江大桥通车及疫情防控挑战，坚定渡运产业在经营发展中的基础核心地位，加强所属渡运公司市场化运营主体建设，建立与大桥互补的运营机制，提升公司自主运营能力，推动渡运产业稳中有进可持续发展。在此基础上，将“快捷”和“数字化”两大元素融入产业发展中，探索灵活的价格体系，开展客货车预售票业务，开通ETC等快捷支付，建立客户服务机制，优化生产组织模式，深化标准化船班组建设，成功探索出立足“后大桥时代”渡运产业长效运营的新模式。

二是做强港口产业，让“助推器”动能更足。面对省内港口合作的新优势和大循环带来的新格局，公司全面启动“港口+”工程，尝试以高速公路路面材料保障为突破口，逐步实现港口产业从单纯的港口装卸向多功能物流枢纽和材料保障基地新业务格局转型，建设成为中转型、服务型、保障型的“江海河联运枢纽”。围绕这一目标，全面启动玄武岩商贸业务，创建“通沙玄武岩”品牌，构建港口“物流+商贸”服务新产业链，业务开展首年实现玄武岩销售近8万吨。

三是做大沥青产业，让“新引擎”推力更强。深耕“通沙沥青”品牌建设，推动沥青产业成为江苏交控参与全省高速公路建设和产业内循环的突破口和先行军，提升通沙沥青在全省高速公路建养沥青保障中的首位度。通过跨地联合沥青同行拓宽进口沥青渠道，逐步建立并完善“采购—研发—生产—运输—服务”全流程运作模式。全面开工建设东海沥青和如皋沥青两个项目，引进先进生产设备，建成现代化、国际化的智能工厂。发挥“两地三区”优势，成立沥青产业研究院，建立健全“三服务一转化”研发机制。以市场为导向，优化营销模式，立足省内辐射省外，提高市场占有率，开发仓储、贸易商库、套保等新业务，实现由沥青加工、贸易向沥青保障、技术服务、交易平台转型。加快推进具有行业影响力的科技创新型企业建成投产，积极打造全省高速公路建设（养护）沥青保障基地。

东海沥青保障基地效果图

（三）深化改革，以新机制激发新活力

公司围绕“1+3+N”组织架构，全面推进层级式治理体系建设，进一步提升竞争力、发展力、创新力和综合实力。一是完善法人治理结构。利用两年时间完成从事业单位管理模式向现代企业治理模式转变。在此基础上，坚持把党的领导融入公司治理各环节，初步构建“卓越党建+现代国企”治理体系架构，优化董事会、监事会结构，健全董监事管理机制，完善市场化经营机制，打造推动公司发展的保障和支撑体系。二是健全现代企业制度。建立与公司发展战略相适应的科学化制度管理机制，修订规章制度100余项。有序推进所属企业吸收合并，切实提升股权管理规范化水平和效率。着力打造财务监管、投资管理、资产管理、人力资源管理、招标采购管理、运营管理六大系

统，进一步规范具体程序流程。三是推动市场化改革。逐步建立以市场化运营为中心的管理体系，优化内外部资源配置，深化营销管理机制改革，建立高效灵活、风险可控、绩效与薪酬挂钩的经营机制。加强对混合所有制企业的管理监督，推进所属混合所有制企业江苏路得沥环保材料有限公司实施经理层任期制和契约化管理。

三、成果成效

公司始终坚持“把通沙建成高质量的现代化交通产业集团”的发展愿景，积极推动由生产加工型企业向商贸服务型企业转型，全力打造“一基地三中心”，即江苏高速公路建设（养护）材料保障基地、港口物流集散中心、沥青科技产研中心和路面材料商贸中心，在“二次创业”的起步之年，资产规模、经营业绩、产业布局等方面均取得显著成效。

（一）资产规模扩容快

截至2021年底，公司全口径总资产10.6亿元，较2020年末增长14.8%，净资产7.1亿元，较2020年末增长16.4%。预计至2025年底，公司总资产将超20亿元。

（二）产业转型步伐快

公司在做优渡运产业的同时，以沥青产业为新引擎、港口产业为助推器，推进产业结构优化升级。渡运产业在沪苏通大桥通车之后，通过开拓市场、提升服务，渡费收入触底回升。港口产业克服疫情对外贸船舶靠泊的影响，调整货源结构，开拓“港口+”业务，经营收入再创新高。沥青产业积极开拓省内外市场，全力做好重点工程沥青保障，盈利水平跃上新台阶。预计2025年，港口产业年经营收入1.4亿元，利润总额超6000万元；沥青产业年经营收入18亿元，利润总额1.4亿元。

（三）经营效益提质快

近年来，公司运营质态和经营效益持续提升。2020—2021年，公司累计实现营业收入12.1亿元，利润总额近1亿元。聚焦“二次创业”，产业转型初见成效。2021年，公司营业收入较2020年增长63%，利润总额较2020年增长38%。

打造管理运营平台
盘活低效闲置资产

——江苏航空产业集团有限责任公司

一、基本情况

江苏航空产业集团有限责任公司（以下简称“航产集团”）成立于1994年10月，注册资本8.62亿元，是江苏省第一家省属国有独资企业。2006年6月，为加快交通产业发展，江苏省委、省政府研究决定，由江苏交控兼并重组航产集团。2017年航产集团与江苏交控所属二级单位江苏交通建设集团有限公司（以下简称“交建集团”）进行合并重组。重组后的航产集团经营业绩稳步增长，截至2021年12月底，全口径资产总额24.30亿元，较合并之初增长13.91%；净资产21.87亿元，增长29.33%；资产负债率10.01%，同比下降超10个百分点。

2017年合并重组后，航产集团发现：企业经营战线过长，控股及参股企业多达21家；主业发展不突出，非主业资产（主要为商业地产、民用住宅、零散地块）多达42处；涉及人员安置、诉讼纠纷等遗留问题众多，造成企业“大而不强、大而不优”。

2017—2020年，航产集团围绕江苏交控大交通发展战略，坚持依法依规处置国有低效无效资产。航产集团成立资产处置小组，通过清理注销、依法破产、重组盘活、改革扭亏等形式，采用清收、核销、市场化转让等方式，加快盘活闲置资产。三年间，通过挂牌或协议转让的方式先后处置了7家公司的低质股权和使用权，注销了8家三、四类低效企业，并同步解决了相关遗留诉讼问题。2020年底，为进一步深化国有企业改革，推进航产集团内部的资源整合，增强国有资产的管理和运营效率，提高企业核心竞争力，航产集团以原交建集团为母体吸收合并集团内另两家困难企业——蓝天公司、鼎宸公司，组成新交建集团，专门处置、管理航产集团非主业资产及相关历史遗留问题。

航产集团油料罐区

二、经验做法

（一）以平台打造为抓手，优化产业结构

作为资产管理平台，新交建集团承担处置航产集团系统内部不良资产、管理其他非主业资产及梳理解决历史遗留问题等职能，为航产集

团今后的发展释放潜能、聚焦主业、增强后劲。

根据法律规定，因合并重组而注销的公司无须清算，权利义务由合并后存续的企业承继。蓝天公司、鼎宸公司被合并后，其暂不能划转的资产的相关处置事项、法律诉讼案件等全部委托给新交建集团统一管理。两公司顺利完成注销登记，从根本上解决了“僵尸企业”的关停和注销问题，优化了航产集团产业结构。

（二）以规范管理为突破，提升发展动能

因历史原因，合并前的三家公司分散在多地办公，存在着公司管理不严、办公环境不佳、员工精神面貌涣散等一系列问题，企业营业收入有限，自身造血能力不强，经营活动不能正常开展。在关键性的人力资源配置方面，严重老化、人浮于事；员工保障方面，养老、医疗存在分列；职工分配方面，未能形成合理的工资分配机制体系，没有起到正向激励作用。

合并重组后，新交建集团按现代企业制度进行管理，设立董事会、监事会，形成了统一的组织人员架构、分配体系、资产管理体系，上述问题得到了根本的改善，从根本上盘活了休眠企业。以人力资源为突破，实现人岗适配，从而做到“人尽其才”。通过增加工资收入、提高待遇，确保工作正常运转。制定科学的激励机制，激发员工干劲、拓宽员工成长路径。通过此次重组，航产集团本部也实现了人员优化配置，空出了一定工作岗位，为将来的人才引进、岗位合理配置、年龄结构优化打下基础。

（三）以解绑束缚为保证，处置不良资产

经过前三年的不懈努力，不良资产处置取得了一定成效，但仍然遗留了部分老大难问题急需尽快解决。新交建集团成立后，承接了航产集团非主业项目和不良资产处置的工作。这些问题分布在多个

企业，有的因历史久远、当初的经办人已离职或退休，处理难度相当大。新交建集团是专业的资产管理平台公司，为更好地担负起航产集团系统不良资产的处置职能，专门成立了经营发展部，通过对需处置的资产进行分析列表、制定处置计划、拟定工作方案，挂钩绩效考核、有效激励等工作机制，大幅提升了资产处置效率，使得航产集团轻装上阵、集中精力聚焦主业。

航油加注保障

（四）以精细管理为核心，降低经营风险

合并重组后，新交建集团主要收入来源于自有物业的出租收入。这些物业零星分布在多地，大都出租给个人从事餐饮、宾馆、单身公寓、超市等服务业。由于历史原因，这些经营场所物业管理不严或缺失，且管理分散，存在着较多的安全隐患和管理盲区，经营风险较大，出租物业的原有管理模式已不能适应当下的安全生产要求。为此，新交建集团成立了专门的出租物业管理部门，统一建章立制，落实专人管理，通过专业化、精细化管理，大大降低了经营风险。

三、成果成效

航产集团通过积极推动战略性重组和专业化整合，优化资本布局，着力打造了新交建集团这一资产管理平台，集中管理37处商业物业和房产，对无效、低效资产进行集中清理，对收益好、规模大的商业实体实施专门管理。通过重组，关闭了两家困难企业，提升了资产处置效率，提高了物业专业管理水平，向建成高效资产管理平台的目标迈进。

（一）经营业绩显著提升

自航产集团组建资产管理平台——新交建集团以来，通过建立健全各项管理制度、提高经营管理水平、加强员工能力和素质培训，企业风貌焕然一新。新交建集团2021年全年实现营业收入2200万元，利润总额1296万元，出租资产收益率17%，为近几年最佳的经营业绩。

（二）遗留问题取得突破

航产集团历次合并重组后，解决了一处长达12年处置未果的房产，盘活资金153万元；处置了一处挂牌4次未果的房产，盘活资金151万元；确权了一处37间商铺无产权的物业；另外对外出租物业及房产21处，有效保全了国有资产。在处理遗留房产的同时，还积极追偿了2处因投资未结案遗留的欠款，分别收回资金96.69万元和192.27万元。

（三）经营风险有效降低

航产集团旗下的自有物业众多，经营管理方式多样，安全成为关键的风险。通过专门的出租物业管理，将安全理念变成一系列可执行的办事规程和行为准则，构建了完善的安全管理制度体系。对于出租物业，通过安全责任制的建立，精细管理、监督检查、绩效考核等环节的有力实施，实现安全工作闭环管理。逐一排查自有物业的安全管理现状，对不符合现行标准的进行针对性改造，彻底解决了问题，降低了经营风险。

（四）人员安置稳妥有序

针对原单位非正常运营而闲散多年的人员，新交建集团成立运营后，航产集团充分了解了每个员工的工作经历及所长，拿出部分岗位进行合理配置，一次性解决了这部分人员的安置问题。

打好瘦身健体组合拳
实现运输服务企业现代化转型

——江苏快鹿汽车运输股份有限公司

一、基本情况

江苏快鹿汽车运输股份有限公司（以下简称“江苏快鹿”）于1996年成立，主要从事省、市际高速公路班线客运业务，在苏南5市设有5家客运分公司，在苏北8市设有7家客运子公司。为谋求多元化发展，江苏快鹿还投资设立了导航、电机、物流、驾校、销售、修理、商旅等非主业子公司，最多时达25家。

江苏快鹿客运车队

2010年以来，受城际高铁、私家车等出行方式影响，江苏快鹿主营业务经营业绩大幅下滑。一是客运业务极速下行。日发班线从高峰期的580班次下降至2017年的20班次，下降96.5%；年营业收入也从高峰期的2亿元下降至2000万元，下降90%，连续6年出现经营性亏损，长期面临“人老、车旧、钱紧”三大难题。二是多元产业举步维艰。江苏快鹿出资3000多万元直接投资或参股投资了8家非主业子公司，截至2017年改革前，投资股权实际价值仅剩400多万元，亏损比例达86.7%。三是治理结构制约发展。江苏快鹿原有14家法人股东，由江苏交控所属江苏宁沪高速公路股份有限公司（以下简称“宁沪公司”）及江苏省内13家地级市客运企业共同出资组建。其中，宁沪公司持股33.2%，为第一大股东。因江苏快鹿主营的客运业务与其他股东存在同业竞争关系，大股东宁沪公司持股比例较低，导致江苏快鹿在客运主业遭受重创后，长期发展方向不明朗，员工队伍不稳定。

二、经验做法

（一）坚定不移退低效资产

根据江苏省国有资产监督管理委员会对低效无效企业清理整合的相关要求，在江苏交控大力支持下，江苏快鹿自2017年起，提前谋划战略性瘦身改革，着力推进子公司清理退出，及时止血、抑制亏损。

江苏快鹿抢在苏北高铁成网前，提前退出全部苏北客运子公司，加快现金流回笼，完成资产变现。根据苏北7家客运子公司的具体持股情况、经营状况以及受高铁影响的程度，先易后难，分步制定和实施改革方案。经过多次沟通协调，2018年率先与徐州、连云港、盐城3家股东单位达成一致意见，2020年通过清算和股权转让的方式，退出了连云港、盐城快鹿子公司。在上述2家子公司形成固定、通用的改革模式和操作流程模式后，再与南通、淮安、扬州、宿迁4家股东单位协商改革方案，就退出方案达成一致意见。目前，除徐州快鹿子公司尚未完结外，其余苏北子公司均已完成改革退出。此举有效保障了子公司改革的平稳过渡，减少了改革损失。此外，江苏快鹿还进一步对低效无效企业进行清理整合，对市场预期不佳的物流、电机等子公司依法实施停业清算，对驾校、导航等子公司实行公开挂牌股权转让。

（二）毫不动摇改股权结构

江苏快鹿通过减少注册资本的方式，回购了苏北8家股东所持有的自身34%股权，合计5110.2万股，为企业后续发展铺平了道路。一是建立双退出原则。在苏北子公司的退出过程中，为获得苏北股东的支持，江苏快鹿提出“苏北股东配合江苏快鹿退出苏北子公司股权、江苏快鹿同步回购苏北股东所持江苏快鹿的股权”的双退出方案。该方案的顺利实施，既是苏北子公司改革取得进展的关键和抓手，也是江苏快鹿优化调整自身股权结构的一个契机。二是股权退出保障了现金流。在退出苏北子公司以及其他非主业子公司后，江苏快鹿收回资金约7600万元。苏北股东合计持有江苏快鹿34%股权，价值约4518万元。江苏快鹿先后支付应付苏北、苏南股东的股利1947万元，取得股东对回购股权方案的支持；又支付4518万元回购苏北股东34%股权，合计支付约6465万元；现金流结余约1135万元。截至2021年底，江苏快鹿净资产7675万元，保证了资金链安全。

（三）乘风破浪促产业转型

江苏快鹿深入贯彻落实《交通强国建设纲要》，充分发挥江苏交控系统内唯一一家专业客运企业的优势，锚定“应急保障和通勤服务优质供应商”的新发展定位；通过科技创新，建立了“快鹿云”

车辆信息化管理系统；全面整合系统内资源，形成了“通勤车+防撞车+托管车”新业务发展格局。通过建设数字交通、智慧交通，打造综合交通运输大数据运维中心，为交通行业数字化、智能化的飞跃贡献力量。

一是数字化转型。“十四五”是大交通转型发展的关键时期，新兴数字技术在交通领域的作用也日益突出。江苏快鹿秉承智能、创新、开放、融合的理念，聚焦车辆信息化管理，开发出“快鹿云”车辆信息化管理系统，逐步实现智慧出行、实时监控、动态调度、数据台账、费用结算、统计汇总、履约评价、云端共享等功能的应用。江苏交控可通过平台，进一步拓展区域化养护、清排障等业务，如统筹恶劣天气下应急保障力量调配、冰雪天撒布车辆调配及重大任务车辆保障等。通过建立车载终端、手持终端、手机端和管理后端，构建线上线下一体的车辆信息化管理系统。通过数字化平台集成功能模块的应用，标准化管理、智能化分析，为江苏交控系统提供成体系的车辆管理服务，并为后续探索养护、区域化清排障的探索打下坚实基础。二是新业务拓展。首先是全面优化江苏交控系统内通勤资源，形成集中、高效的通勤管理体系，有效提高车辆运行效率，降低安全行车风险。在两年内完成了系统内绝大多数通勤业务的承接，确保通勤线路能够覆盖全省高速公路范围，为全系统应急保障提供基础支撑。其次是系统性地整合相关资源，建立统一的养护及应急业务保障平台，通过协作、代管和租赁多方式相结合，为各养护单位提供成体系的特种防撞车辆使用和管理服务，并为后续保障业务的拓展打下坚实基础，实现服务保障、资源整合、管理统筹三个“内循环”。最后是开发“快鹿云”车辆信息化管理系统，提供车辆托管服务，让业主单位直观了解车辆使用情况，为车辆购置、分配和使用等提供决策依据，实现车辆精细化管理，有效控制成本；通过实时监控功能和轨迹回溯功能，规范车辆使用，有效杜绝公车私用、微小腐败等问题，有力提升安全生产治理体系和治理能力现代化水平，推动信息化手段在生产经营中的应用。

三、成果成效

（一）减少了国有资产流失

目前，江苏快鹿已完成8家非主业子公司和苏北7家客运子公司的转让和清算，有效减少了国有资产流失，为江苏快鹿逐步转型为一家"股权结构集中化、对外投资纯粹化、业务结构稳定化"的现代化运输服务企业打下坚实的基础。

（二）理顺了法人治理结构

2021年11月4日，江苏快鹿顺利完成自身股份结构调整，注册资本由15030万元减少至9919.8万元，14家法人股东减少至7家，江苏交控和宁沪公司持有江苏快鹿50.3%股权。江苏交控直接持有江苏快鹿股权，使江苏快鹿的股权层级与管理层级更加匹配，管理体制得到理顺。

（三）实现了企业扭亏为盈

目前，江苏快鹿运营通勤班线110条，上线作业防撞车180辆次，承接托管车47辆。通勤车的承接基本解决了江苏快鹿生存发展问题，防撞车、车辆托管业务的开拓可以有效解决长远发展问题。通过业务拓展和清理整合，2021年实现营业收入9615万元，同比增长3964万元，增长率为70.14%；江苏快鹿自2012年以来，首次实现扭亏，实现利润84万元，同比增长1231万元。

江苏交控系统内部通勤车辆

本章启示

经营布局优化和结构调整的过程，不仅是资产结构和资本结构“独立运作、平行发展”的单线流程，也是“协同共进、效应倍增”的系统工程。

强产业，主“线”延伸。做强产业结构，更像是延展成链。要明确主业延伸的方向，在此基础上，依托强链、延链、补链等手段持续完善板块功能，推进产业链向纵深发展。

优资本，重“点”发力。做优资本结构，更像是聚焦到“点”上精准发力。积极打造重点板块上市平台，保障上市资源储备；持续探索轻资产运营路径，促进资产进入资本市场；全面加强“两非”“两资”清退，助力存量资产瘦身健体。

调结构，整“体”布局。从整体来看，经营布局优化和结构调整更像是立足产业“线”和资本“点”，以点线带面、面动成体，推动各类资源、产业、资本相互融合，助力国企改革螺旋式渐进上升。

第三章 健全市场化经营机制

本章导言

“功以才成，业由才广。”

2016年7月1日，习近平总书记在庆祝中国共产党成立95周年大会上的讲话中指出：“‘功以才成，业由才广’。党和人民事业要不断发展，就要把各方面人才更好使用起来，聚天下英才而用之……努力形成人人渴望成才、人人努力成才、人人皆可成才、人人尽展其才的良好局面。”[1]江苏交控紧紧抓住企业最基本的生产要素——人，积极践行人才强企战略，持续深化劳动、人事、分配“三项制度”改革，切实推进鼓励激励、容错纠错、能上能下“三项机制”和干部能上能

[1] 《习近平在庆祝中国共产党成立95周年大会上的讲话》，来源：《人民日报》（2016年07月02日02版）。

下、员工能进能出、收入能增能减“三能”机制落实落细落地，全面激发市场化改革源动力。

“加法增能”，答好劳动用工“改革卷”。在人才引进上善用“加法”，大力提高重点院校、急需专业毕业生和社会高层次人才引进比例，积极引进入选国家和省重大人才工程的高端专业人才，柔性引进两院院士、长江学者、特聘教授、客座教授等相关领域紧缺领军人才；在人才培育上巧用“加法”，创新产教融合的机制，制定与职业生涯规划和岗位胜任力相匹配的人才培养方案，实施“订单式”精准培养，统筹推进管理、技术、技能“三类人才”队伍建设，优化设计职务职级，畅通员工职业发展通道；在劳动用工上活用“加法”，加快建立和实施以劳动合同管理为关键、以岗位管理为基础的市场化用工制度，大力推行员工公开招聘、管理人员竞争上岗等制度。

“减法去负”，把好人事管理“方向盘”。充分发挥“总部引领、以上率下”作用，优化公司总部组织架构，构建扁平化、统筹化的管理体系，推进资源整合、业务融合、管理聚合，做好组织结构的“减法”；在能上能下机制上敢于让庸者“退出”，细化“下”的认定情形、调整程序和渠道，做优庸者劣者的“减法”。

“乘法撬动”，用好鼓励激励“助推器”。坚持物质激励与精神激励相结合，积极探索实施以股票期权、虚拟股权、超额利润分享等为特色的市场化中长期激励机制，放大激励机制“乘数”效应，为实干者建“平台”；加大对在市场开拓、管理创新、科技创新等领域做出突出贡献人员的奖励力度，构建创新成果按要素参与分配机制，发挥鼓励机制“乘数”效用，为能干者摆“奖台”；制定经营投资尽职合规免责事项清单，建立容错、纠错、澄清保护制度链条，释放容错机制“乘数”效能，为敢干者搭“舞台”。

“除法革弊”，挥好考核约束“指挥棒”。聚焦员工“能进能出”，深化劳动用工制度改革，健全末等调整和不胜任退出等制度，完善员工正常流动和退出机制，打破“铁饭碗”；聚焦干部“能上能下”，全面推行经理层成员任期制和契约化，充分发挥考核和分配的导向作用，建立市场化退出机制，打破“铁交椅”；聚焦收入“能增能减”，建立健全按业绩贡献决定薪酬的分配机制，推行全员绩效考核制度，完善岗位积分评价机制，一岗一薪、易岗易薪，打破“铁工资”。

深化“三项制度”改革
激发企业内生动力

——江苏交通控股有限公司

一、基本情况

深化劳动、人事、分配“三项制度”改革，加强“干部能上能下、员工能进能出、薪酬能增能减”三能机制建设，是推进国有企业改革的重要举措，为企业瘦身健体、提质增效提供了政策机遇，有效保障了员工职业发展“上”的通道更宽、岗位“进”的渠道更丰富、收入“增”的空间更广阔。近年来，江苏交控聚焦制约高质量发展的矛盾问题，坚持市场化改革方向，健全市场化经营机制，取得一系列阶段性成果，主要表现为干部人才队伍整体建设和员工职业发展通道建设取得重要突破，经理层成员任期制和契约化管理扩大到所属企业及其子企业，退休人员社会化管理扩大到全体退休人员。

二、经验做法

江苏交控紧紧抓住“三个关键”，锚定目标、发力攻坚，推进

“三项制度”改革不断走深走实。

（一）抓住关键路径，大力推动劳动用工全面市场化

积极构建以公开化人员招聘为基础，以差异化考核机制为过程管控，以市场化用工模式改革为驱动，以信息化系统建设为保障的“四化”劳动用工机制。一是招聘方式公开化。出台人才公开招聘管理办法、关于支持人才发展的若干意见、劳动用工市场化的指导意见等系列制度。聚焦重点和关键领域，常态化开展大规模人才招聘工作。近年来，年均接收简历投递约6000份，发出录用通知185份，其中研究生以上学历占比突破75%。面向名校优生组织第一届江苏交控管培生招聘，发出录用通知7份。二是考核机制差异化。推进集团层面和所属33户二级企业、73户三级企业经理层成员任期制和契约化管理。围绕“任期管理规范化、常态化”“契约目标科学性、挑战性”“薪酬兑现强激励、硬约束”“岗位退出更坚决、更刚性”四个重要方面，签订“一协议两书”，建立高契合、高责任、高激励、高约束的“四高”管理机制。三是用工模式市场化。丰富市场化选才手段，选聘企业高管、职业经理人、科技副总等高精尖急缺人才200余人。研究新

江苏交控2022届管培生面试现场

形势下用工模式变革，在宁沪公司探索运用“劳务外包”方法解决收费运维等用工难题；鼓励处于充分竞争领域的企业聘用职业经理人，加快推动从传统的“身份管理”向市场化的“岗位管理”转变。四是人力资源信息化。优化迭代薪酬发放模块，新上线数据搜集模块，实现人工成本、年报数据线上填报、管理，为人力资源分析提供数据支撑。

（二）抓住关键资源，全力推动干部人才队伍建设高质量

抓好“改、用、育、管”四个环节，打造“四个一批”干部人才队伍管理体系。一是抓好“改”，循环流通一批。深化人事制度专项改革，出台江苏交控及所属企业经理层成员任期制和契约化管理实施方案、所属企业职业经理人选聘指导意见，完善干部管理“1+N”制度等，为管理人员“能上能下”打开新局面；实施员工职业发展“立交桥”工程，出台专业技术（技能）岗位管理办法，建立以“三通道”为核心的多轨制员工发展通道。二是抓好“用”，大胆使用一批。择优选拔、不拘一格使用优秀年轻干部，积极推进优秀后备年轻干部首批挂职期满考核及二、三批挂职。截至2021年底，40岁左右中层干部达29人，占公司党委管理干部的13.43%。三是抓好“育”，培养造就一批。分级分类组织开展高级职业经理人、江苏交控中（基）层管理人员“走进华为”等领导干部专题培训；深化干部挂职锻炼，先后选派10余名优秀干部到中国交通运输协会、江苏省国有资产监督管理委员会、江苏省交通协会锻炼，推动干部在基层一线、艰苦地方、改革前沿、关键岗位等多环境历练成长，援藏干部事迹被《人民日报》等央媒报道。四是抓好“管”，严管厚爱一批。构建干部考核监督体系，完善江苏交控所属企业领导班子和领导人员综合考核要求，建立针对干部担当作为的绩效评价指标；在全系统9家企业首次开展选人用

人暨薪酬管理专项检查，让“严管”成为“厚爱”的前提和基础。

（三）抓住关键导向，持续推动薪酬分配差异化

深化企业内部分配制度改革，构建既“全”又“专”的绩效分配机制。一是建立“全程监管”与“分类管理”相结合的工资总额管理机制。完善江苏交控所属企业工资总额预算流程闭环管理，做到“事前安排、事中监控、事后清算”。选取江苏租赁等3家市场化程度高的企业实行工资总额预算备案制管理，对通行宝公司等3家企业实行工资总额周期制管理。二是优化“全员覆盖”与“差异分配”相结合的绩效分配机制。推行全员绩效考核，指导所属企业以岗位为基础，提炼反映工作效率、工作效果、工作过程、工作实绩的岗位关键绩效指标，建立以业绩为导向的岗位考核、评价、激励机制，实现员工薪酬能增能减；收入分配向一线苦脏险累岗位和突出贡献人才倾斜；对高层次、高技能人才给予一定技术、技能津贴，鼓励报读与行业、专业、岗位相关的学历学位提升教育，发放学历提升奖励。三是探索“全面实施”和“个别试点”相结合的中长期激励机制。深化经理层成员任期制和契约化管理，根据考核结果刚性兑现薪酬。以“科改”“混改”企业为试点，实施员工持股激励、超额利润奖励等中长期激励机制。

三、成果成效

（一）劳动人事改革成效优

一是制度体系更加健全。充分发挥人力资源制度建设“四梁八柱”作用，制定、修订制度29个，打出一套在“点”上具有突破性、“线”上具有带动性、“面”上具有协同性的制度体系改革“组合

拳”，形成与公司发展战略相适应的人力资源制度体系。二是机构布局更加完善。

总部调整新设部室（合署办公）7个，形成“扁平化”“大部门制”“项目制”管理和事业部制管控模式，“总部引领、以上率下”作用愈发明显；在路桥企业推行区域化管理和专业化运营，强化“系统集成”；在竞争性企业推行更加扁平、灵活的组织机构，实现资源再盘活、业务再延伸。三是职业技能等级更具价值。聚焦职业技能等级认定，稳步推进职业技能等级鉴定，公路救援职业标准获批国家行业认定标准，清障、养护、收费、加油职业技能等级自主认定与第三方认定逐步开展，为约3000名技能人才颁发国家职业证书。

江苏交控职业技能等级认定启动仪式

（二）人才平台集聚优势显

一是做强产业吸附人才。聚焦产业发展、数字交通、养护技术、营运管理、绿色双碳等产业，先后成立五大研究院，年均引才200人，硕士及以上学历人数占比达6成，柔性引进两名中国工程院院士。二是做精科研聚合人才。获批成立国家级长大桥梁管养技术研究分中心，与腾讯、华为等6家高新技术企业共同成立了数字交通联合实验室，与徐工集团联合成立智能养护装备实验室。打造“8916”人才品牌孵化矩阵（8个基地，9个实训中心，16个创新工作室），累计开展科研攻关200多项，形成发明专利等科研创新成果175个。三是做优培训赋能人才。构建“1+N+1”的教育培训体系，日均培训人数达到10万人。获批全省交通运输行业高层次人才培养示范基地，推荐34人次进入江苏省“333”高层次人才培养工程，上百人进入“行业人才培养工程”。截至目前，通过“引、聚、培”等方式，江苏交控人才总数已达到1.5万人，其中，硕士748人，博士16人，高级及以上职称644人，并保持年均10%的增长率。

（三）薪酬分配激励导向明

实现薪酬分配“三个有差距”。一是修订所属企业工资总额管理办法，健全反映劳动力市场供求关系和企业经济效益的工资决定和正常增长机制，规范内部分配，拉开系统内不同企业间薪酬分配差距。二是修订所属企业负责人薪酬管理办法，制定职业经理人选聘指导意见，完善与企业负责人选任方式相匹配、与企业功能性质相适应、与考核结果紧密挂钩的薪酬分配方式，拉开管理人员间的薪酬分配差距。三是出台专业技术（技能）岗位管理办法等系列制度，指导所属企业建立完善与技术、技能通道相匹配，以绩效和能力提升为导向的薪酬制度体系，拉开岗位间薪酬分配差距。

“三能”机制改革激活力
市场化转型增动能

——江苏金融租赁股份有限公司

一、基本情况

江苏金融租赁股份有限公司（以下简称“江苏租赁”）是一家成立于1985年的国有企业，是经中国银行保险监督管理委员会批准从事融资租赁业务的非银行金融机构。曾经的江苏租赁历史包袱沉重，员工年龄结构老化，市场意识和竞争意识薄弱，专业能力无法匹配市场

江苏金融租赁股份有限公司

竞争，铁饭碗、大锅饭、论资排辈等问题突出，人的问题成为制约公司发展的一大障碍。

2002年，在控股股东江苏交控的支持下，江苏租赁经过深入研究，决定以“三项制度”改革作为解决人才问题的突破口，实施市场化选才用人，不断激发企业发展内生动力。目前，江苏租赁的“三项制度”改革已有近20年历程，为江苏租赁高质量发展、走在全国金融租赁行业前列提供了有力支撑。2020年，江苏租赁在江苏省属企业上市公司中率先完成股权激励计划，国有企业市场化经营机制进一步完善。

江苏租赁成功登陆A股

二、经验做法

“三项制度”改革的核心要义，就是建立岗位能上能下、员工能进能出、收入能增能减的市场化“三能”机制。江苏租赁牢牢把握这一核心，利用“竞聘双选”“岗薪体系”“绩效考核”三大抓手，推动“三项制度”改革。

（一）推进竞聘双选，实现人才兴企

竞聘双选的目的在于实现全员纵向、横向和里外流动，在流动中根据能力与业绩决定岗位。纵向流动是指管理岗位能者上、平者让、庸者下；横向流动是指优化岗位匹配，让员工找到适合自己的岗位；里外流动是指引进优秀，淘汰落后。

江苏租赁分别针对管理岗位和基层岗位设置了竞聘上岗和双向选择两种路径。“竞聘上岗”是指通过公开竞聘的方式选拔中层管理人员，每三年开展一次。竞聘期间所有人员打破身份界限，原有职务全部清零，所有符合条件的员工均可提出竞聘中层管理岗位的申请，公司组织对竞聘人员进行集中评议、择优选拔、公示任命。在“竞聘上岗”中落选的原中层管理人员，与其他员工一同参加后续的“双向选择”，或与公司协商提前退休、退养或解除劳动关系。“双向选择”是在“竞聘上岗”完成后，通过部门与员工双向选择，实现中层以下员工定期跨部门流动的用人机制。员工可同时选择两个部门的岗位，若两个意向部门同时接收，则由员工做出最终选择；若意向部门均未接收，员工进入待岗阶段，经培训考评后重新上岗或直接解聘。

自2003年推行“三项制度”改革至今，江苏租赁已开展了9轮竞聘双选工作，一批年轻骨干走上了中层管理岗位。在第九轮“竞聘双选”中，有67名员工报名参与竞聘，最终31名员工竞聘成功，其中7人为初任中层管理岗位，另有6人退出中层岗位。新一届中层管理人员中，研究生及以上学历占比为67.74%，平均年龄为37.3岁，较竞聘前年轻2.3岁。双选后有49人发生岗位跨部门调整，占公司员工总数的近16%。

（二）改革岗薪体系，调动员工积极性

与竞聘双选配套的是岗薪体系改革，岗薪体系的核心就是基础工

资与岗位挂钩，岗位上则工资上，岗位下则工资下。从2003年起，江苏租赁相继实行了薪点工资、薪级星档工资、MBA岗薪体系，不断优化和完善岗薪制度，确立了以岗位决定基础工资的分配机制。一是适度拉开分配差距。大力推行“以岗定薪”的薪酬策略，破除平均主义，实行向业务骨干倾斜的分配政策，合理拉开分配差距。二是实行薪酬延期支付机制。江苏租赁中高层管理人员的绩效薪酬采用延期支付方式，与3～5年的项目风险周期相匹配，分别对高级管理人员、中层管理人员当年绩效薪酬的50.8%、40%进行延期支付，延期支付的期限为3年，并遵循等分原则。三是实施股权激励计划。为充分激发员工活力，2020年3月，江苏租赁向146名骨干员工授予限制性股票，成为江苏首家落地股权激励计划的国有上市企业。

（三）深化绩效考核，激发企业活力

2014年，江苏租赁完成股改后，为适应外部日益激烈的竞争要求，决定以进一步深化“绩效考核”改革为抓手，着力提升人均效能和组织效率。2015年以来，江苏租赁先后邀请韬瑞惠悦、罗兰贝格等咨询机构为优化绩效管理体系提供专业咨询，并走访了多家同业机构进行考核体系调研。根据行业发展前景和公司业务特点，积极推进绩效考核机制的市场化改革。一是部门考核与个人考核相结合。以部门为单位，进行整体绩效考核与奖金计提，再由部门进行内部员工二次分配，避免个人绩效考核模式导致单兵作战的个人主义倾向，或过度追求短期效益等情形。二是结果考核与过程考核相结合。部门对员工进行年度结果考核和季度过程考核，年度考核决定的绩效薪酬占员工薪酬的70%以上。员工考核结果决定下一年度的职级升降，如连续两次考核不合格，将面临解除劳动合同的风险。三是经济考核指标与其他指标有机结合。绩效考核不仅重视经济指标，还囊括了风险管控、业

务创新、运营管理等多个维度的指标，关注员工在业务开展、费用控制、合规管理、廉洁从业、业务创新、团队协作等方面的工作表现。四是推行考核结果强制分布。部门考核排名决定部门内员工绩效考核结果分布比例，强制筛选出绩效欠佳的人员，坚决扫除因团队绩效考核方式产生的“搭便车”行为，实现个人绩效考核与薪酬分配的强性关联。五是建立业务创新容错机制。针对新行业开发、直租、绿色租赁等符合战略转型方向的新业务，设置专门的绩效考核指标，实行差异化考核，建立考核容忍机制，有效推动新兴市场开发和业务模式创新。

业务部门绩效考核要点

三、成果成效

一子落、满盘活。“三项制度”改革落地生根，引领江苏租赁转变风气、搞活机制，更加积极主动地投入市场竞争，不断增强市场化运营能力。

（一）市场化理念牢固树立

通过“三项制度”改革，形成了锐意进取、开拓创新的企业文化，为顺畅推动工资总额形成机制改革、职业经理人改革、任期制与契约化改革、股权激励改革等其他改革工作奠定了坚实基础。

（二）人才机制持续优化

竞聘上岗让一批业绩突出、作风优良的年轻人进入中层管理团队，为公司创造价值，为可持续发展鼓足了后劲。双向选择鼓励员工充分发挥自身禀赋和主观能动性，帮助员工在更匹配的岗位上发光发热。江苏租赁完善的选人用人机制吸引了更多专业人才加盟，员工队伍逐步年轻化、优质化，截至2021年底，员工平均年龄仅32岁，硕士及以上学历占比65.7%。

（三）企业活力不断迸发

通过“三项制度”改革，江苏租赁有效实现了董事会年度指标任务的层层分解和传导，让员工能够直观感受到公司经营绩效和运营管理的压力。在绩效考核与薪酬管理的激励下，全体员工能够勇挑重担，开拓创新，努力在个人岗位上创造最大价值。员工潜力和动力得到激发，在公司内部营造了创优争先、比学赶超的积极氛围。

推行市场化激励约束机制
释放企业发展活力

——江苏通行宝智慧交通科技股份有限公司

一、基本情况

江苏通行宝智慧交通科技股份有限公司（以下简称“通行宝”）成立于2016年11月，是为高速公路、干线公路和城市交通提供智慧交通平台化解决方案的产业互联网企业。成立5年来，通行宝经营效益显著提升，截至2021年底，合并总资产约42.7亿元、归母净资产约

江苏通行宝智慧交通科技股份有限公司

12.8亿元，较2016年末分别增长74.8%和1242%，平均净资产收益率达41.36%，累计取得发明专利、软件著作权等知识产权192项。

在高速发展的过程中，通行宝也不断面临新的困难和挑战，主要表现在管理体制和运营机制仍存在一定局限性、企业发展活力不够足、运行效率有待进一步完善等，亟须通过深化改革解决市场化经营机制不够完善、激励约束机制不够健全等发展难题。通行宝充分结合企业实际，坚持问题导向，以激活内生发展动力为目标，以全员绩效体系构建为主线，大力推进市场化体制机制改革，开展了一系列市场化绩效管理探索，员工的潜能得到充分激发，公司经营质效明显提升。2021年6月，通行宝首次公开发行申请获创业板上市委员会通过。

二、经验做法

（一）打破任期“终身制”，点燃企业发展“新引擎”

全面落实经理层任期制和契约化管理，激发高管人员经营活力。一是进一步巩固经营机制改革成果，做实公司本级经理层成员任期制与契约化管理。制定经理层成员年度及任期经营业绩考核指标，签署“两书一协议”，建立“有职务任命就设定明确任期、有岗位聘任就落实考核目标、有业绩贡献就兑现绩效奖励”的全方位管理体系，对各项考核指标的进展情况实行动态跟踪、定期反馈、严格考核，抓实对高级管理人员的考核和经营绩效管理，激活公司经营发展的源动力。二是延伸市场化经营的管理触角，推动子公司任期制与契约化改革全覆盖。全面打破任期“终身制”，对所属3家子公司100%推行经理层成员任期制和契约化管理，明确聘期、岗位职责、经营管理指标和奖惩措施，并根据各子公司所处行业、主营业务、市场竞争程度和发展阶段等实际情况，突出不同考核重点，分类考核，以更加强大的合力推动高质量发展。

（二）开展市场化选聘，释放企业发展“新活力”

根据未来业务生态布局与职能定位，借鉴先进的互联网和高科技企业管理架构，重构公司组织架构，以职能部门作为后台，技术研发、大数据分析和客服营运支持作为中台，以ETC发行、智慧交通、数字科技、ETC生态四大事业部作为前台，构建前、中、后台相结合的三层组织架构。对中前台部门负责人岗位实施市场化选聘，进一步加大市场化改革力度，并按照“市场化选聘、契约化管理、差异化薪酬、市场化退出”的原则，参照职业经理人进行管理，签订岗位聘任协议书、年度经营业绩责任书，明确考核目标、考核方式和具体的奖惩机制，确保指标具体下达到人、目标制定量化可视、计划执行具体到月，强化市场化经营的中坚力量，提升战略决策能力、支撑服务水平和生产经营效率。

（三）推进全员绩效考核，培育企业发展“新动能”

不断探索健全综合考核评价机制，打破薪酬“大锅饭”，建立上下联动、全员覆盖的动态考核体系和绩效薪酬挂钩体系。一是以效益与效率正向关联为原则，制定《工资总额管理办法》，明确员工工资须与公司经济效益和劳动生产率相挂钩，以联动机制不断优化人工成本投入产出效率。二是制定“Leader”部门创建计划，以争创学习型、高效型、责任型、创新型、卓越型、风控型部门为目标，严格落实部门创建计划考核，将公司全年重点工作下达到部门，由部门具体分解到人，确保指标的有效落地，促进整体工作效能提升。三是构建覆盖各序列通道、各岗位层级的全员绩效考核体系，并按照职能分工不同，实施差异化考核和绩效薪酬分配，重点向中前台技术岗位和直接创造利润的岗位倾斜。对后台职能管理岗位，重点考核基于岗位职责及年度工作目标分解确定的工作任务和业务协同，定性和定量考核相结合；对中台支撑部门，以改善、创新为考核重点；对前台业务岗位，突出考核工作业绩量化指标的完成情况，以定量考核为主；对一线生产岗位，探索开展计件制绩效考核，按劳分配、按绩取酬。通过分类别、全覆盖、强激励的全员绩效考核管理体系，全面提升后台管理部门的质量与效率，强化中台支撑部门的服务保障能力，提高前台业务部门的市场拓展能力。

市场化绩效考核管理模式

（四）探索中长期激励，塑造企业发展"当家人"

加快推动分配体制改革，探索建立超额利润分享机制和项目跟投等中长期激励机制，引导员工以"当家人"身份开展工作，提升公司经营发展质效。一是对市场序列通道所有岗位设置强激励的超挑战奖励机制，业务团队超预期完成公司下达的利润指标，即可按照一定比例计提超额利润，多劳多得，上不封顶，团队成员"主人翁"意识显著增强，积极性和创造性得以充分激发。二是对增量业务、创新业务探索实施员工项目跟投，跟投人员与公司共同出资、共担风险、共享收益，实现管理团队激励与项目中长期运营结果的绑定，大幅提升公司创新性、市场性项目落地实施的时效和风险管控的效果，保障科学决策，推动公司可持续发展。

三、成果成效

（一）经营机制更加灵活，发展活力显著增强

通过市场化激励约束机制，通行宝建立起收入能高能低、岗位能上能下、人员能进能出的“三能”机制，员工业绩与绩效薪酬充分挂钩，打破了旧有的“大锅饭”管理模式。2021年，市场化选聘岗位最高薪酬接近中层岗位，一线员工全年收入高者是低者的近3倍。从“多干少干一个样”转变为“多劳多得”，员工的主动性、积极性和创造性持续激发，公司生产经营活力得到显著提升。

（二）主体责任持续压实，发展动能显著增强

全面打破经理层班子任期“终身制”，压实了生产经营的主体责任，班子成员履职尽责能力水平得到提升。打破了国企员工岗位“铁饭碗”的惯例，倒逼部门危中求机、主动求变，有效推动了中前台部门专业化、职业化和市场化发展进程。全员实施绩效考核，指标明确到人，目标量化可视，并将考核与薪酬挂钩，激活了全员“小宇宙”。通过自上而下的考核，压实了各层级岗位主体责任，确保了生产经营压力层层传导，发展动能显著增强。

（三）市场意识大幅提升，创新能力显著增强

通过市场化改革，员工在商业模式创新和技术研发创新等方面的价值被充分认可，在公司掀起了全员创新创效的热潮。开辟ETC发行前装市场，与吉利、蔚来、特斯拉等知名汽车主机厂达成前装业务合作；不断推动产品转型升级，与福耀玻璃集团共同研发汽车“云玻璃”产品；“协同指挥调度云平台”获得“中国高速公路信息化奖”和“创新技术奖”，入选全国国有企业数字化转型优秀案例；“ETC+”智慧交通衍生业务已形成停车、加油、充电、旅游、保险、

商贸物流等方面的生态应用。目前，通行宝已基本形成了全要素、全周期、全生态、全场景、全链路的“车路协同、城路融合、数据赋能、智能网联”的智慧产业体系，创新经营发展迈进新征程。

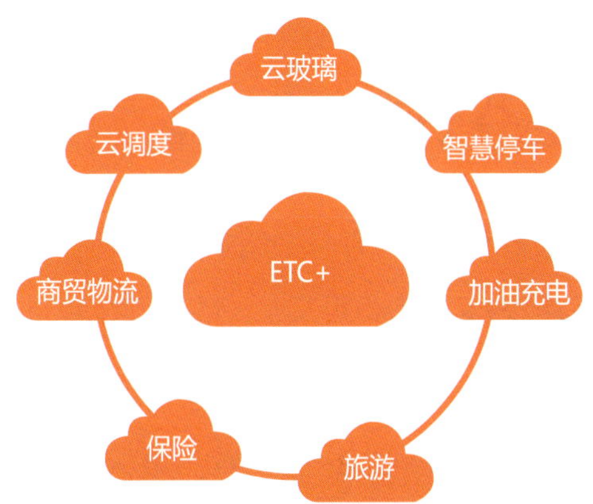

“ETC+”生态应用

建立岗位积分评价机制
激发人才潜力

——江苏宁宿徐高速公路有限公司

一、基本情况

江苏宁宿徐高速公路有限公司（以下简称“宁宿徐公司”）于2001年12月7日正式运营，注册资本20.78亿元，负责新扬高速（新沂至盱眙段）、淮徐高速（徐州至宿迁段）、徐明高速（江苏段）、盐洛高速（宿迁段）和宿迁支线共359公里高速公路的运营管理。宁宿徐公司下设8个职能部室、39个基层单位，现有员工1100余名。

江苏宁宿徐高速公路有限公司

高速公路大多具有点多线长、管理跨度大、员工长期异地办公等特点，导致在人力资源管理中，员工选岗普遍存在“就近”心理以及异地员工管理难等系列问题，不利于企业整体人才结构布局。针对这一情况，为进一步激发公司全体员工干事创业活力和动能，宁宿徐公司积极开展实践探索，围绕高速公路行业性质、岗位特点和员工内在需求，推行岗位积分评价机制。以精准数据刻画员工成长轨迹，以积分机制指引方向、支撑决策，增强人力资源管理的针对性、系统性和科学性，在公司内部构建更加公平、公正的积分评价和应用体系，服务人才强企战略和企业发展大局，促进企业资产规模和经营效益稳步增长。

二、经验做法

（一）可视化正向激励

为充分发挥各级人才的智慧和潜能，宁宿徐公司从长远发展和队伍建设需求出发，进行精准设计。一方面，通过科学设置积分项目，形成精细化、可量化的“一人一档”动态积分数据包，信息化、图形化呈现员工个人成长动态，通过积分波动精准展示员工成长轨迹，直观反映其成长需求和特长优点，引导员工更多关注平常实际工作表现，形成立足岗位、干事创业的良好氛围。另一方面，强调与年度考核结果的有机结合。对年度考核连续两年被评为“优秀”等次或连续两年积分累计达190分的员工，工资提前晋升一档。打破了以往“一考定岗定薪”习惯做法，破除“论资排辈、平衡照顾”观念，开辟员工通过工作实绩实现个人成长的新路径，逐步实现职工从“要我做”到“我要做”的思想转变，让员工个人与企业同步发展，增强了企业可持续发展能力。

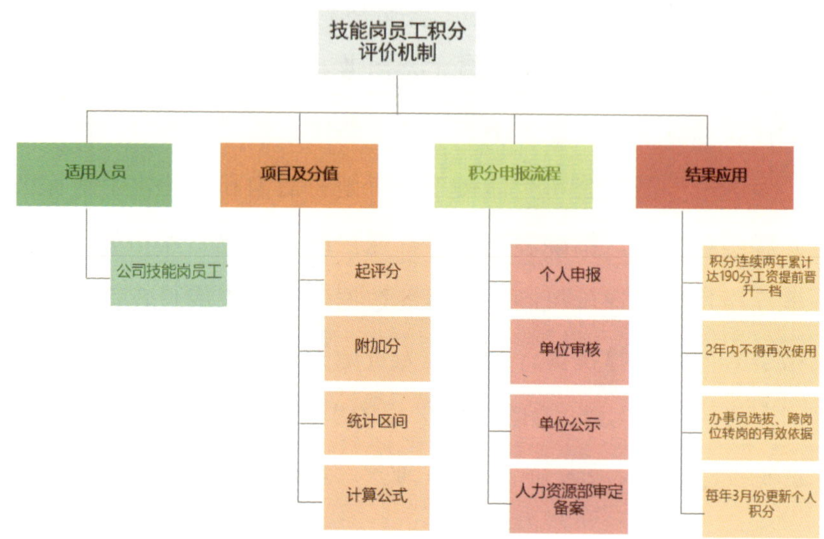

岗位积分评价机制

（二）精细化人才管理

宁宿徐公司利用岗位积分机制对员工进行全面系统的数据分析，以日常工作为积分主干，年度考核等次为优秀、合格、基本合格、不合格的，相应的当年度积分起评分分别为90分、75分、60分、45分；以综合表现为积分枝叶，科学统筹业务竞赛与文体活动奖励积分差距，根据参加活动获得奖项含金量的高低，合理拉开分值距离，构建员工日常表现、技能积累与个人专长互为支撑、互促共进的良好局面。积分机制客观反映了各部室、各基层单位及员工个人对成长发展、创新创效、制度执行、活动组织等方面的重视程度与工作实效，有效督促全员自学自省、自我加压。同时以此为导向，不断给员工创造学习进步的平台。定向推送符合单位、个人特质的培训项目、在线课程、创新课题，推荐优秀管理人员、一线员工到公司本部轮岗、交流、借用、锻炼等，勉励员工不断成长，形成主业突出、全面发展的人才积分生态链。

（三）人性化双向选择

宁宿徐公司通过员工积分画像的大数据，排除了传统选岗定岗工作中主观、非内在因素的干扰，让高绩效员工在人员调配过程中更具优势。在遵循积分评价总体规则前提下，秉承“服从需要、自愿申请、同岗位对调、逐级审批”的原则，构建了更为客观合理的双向选择模式。一是对存在缺员的基层单位，及时公布缺员清单，由人员相对富余的基层单位员工自愿提出调配申请或由公司启动双选工作，既综合考虑了员工的“功劳”和“苦劳”，也消除了不平衡心理。二是适当管控积分调岗使用频次，员工运用积分成功实现单位间同岗位调整后，两年内不得再次运用积分参与单位间同岗位人员调整，避免员工频繁调岗，保证基层单位工作平稳运转。三是在人员暂不缺额的基层单位之间开展技能岗员工自愿对调申请工作，明确办理流程，对调双方各自提交申请，由所在单位负责人批准后报人力资源部审批，确保了积分选岗的长期稳定性和普遍适用性，也满足了员工的个性化需求。

（四）科学化选人决策

岗位积分机制的有效运用，清晰反映了各类人才的日常表现及其优劣势，在用人决策过程中以数据呈现替代了以往的感性拍板，为公司科学决策奠定了良好的管理基础。一是推进积分数据库在线应用。员工通过“苏交控”平台上传信息，责任部室、单位全面审核确认、更新数据包，确保积分评分及时反映员工成长业绩。二是推进员工调岗积分应用。明确“数据筛选－缺额补员－线上公布－自愿申请”四步走路径，实时在线公布需补员单位、补充名额等信息，对自愿申请调配单位的员工按积分高低排序，由积分排名靠前的员工优先选岗，被选择单位的负责人线上确认接收，完成双向选择。三是推进员工选拔培养积分应用。在行政监督员、党委督查员、内部审计员等岗位以及后备人才选拔中，分别设置积分应用权重，以积分衡量实绩贡献，持续激发员工工作积极性和进取心。

三、成果成效

（一）树立了正确的价值贡献导向

近年来，宁宿徐公司岗位积分评价机制有效实施，取得了显著成效。共有1062人次积极报名参加各类技能竞赛和文体活动，167名技能岗员工报考了提升学历和职称的学习考试，258名技能岗员工报名参加了更高一级的职业资格认证学习培训，59名员工实现了工资提前晋级。广大员工通过努力实现了自身价值，公司内部干事创业、创先争优的良好氛围已然形成。

（二）提高了人力资源管理质效

在积分调岗规则下累计办理内部调配360人，自愿申请对调16人，选拔行政监督、内部审计等技能岗兼职人员40名，选拔后备人才9名，未发生一例调岗选拔纠纷或劳动纠纷。员工对调岗选拔工作的满意率由往年的63%提升至97%。人力资源管理质效得到大幅提升。

（三）提供了可复制的有益经验

自岗位积分评价机制实施以来，既得到了广大员工的高度认可和遵循，也得到了行业内多家兄弟单位的认同与借鉴，对高速公路行业及其他需要实施跨区域员工调岗的企业具有一定的推广应用价值。2020年，该创新成果荣获“江苏省第四届职业经理人管理技能创新大赛表彰奖”。

打造养护技术人才雁阵
赋能企业改革创新发展

——江苏高速公路工程养护技术有限公司

一、基本情况

江苏高速公路工程养护技术有限公司聚焦于高速公路及桥隧管养领域新技术、新材料、新工艺、新设备的研发与推广，主要负责江苏交控系统所辖4000余公里高速公路及部分桥隧的养护科技研发和技术服务工作，致力于成为交通设施养护事业发展的服务支撑者、标准制定者、模式探索者、创新引领者和共建合作者。

江苏高速公路工程养护技术有限公司展厅

历经几十年建设发展，江苏高速公路已进入“建养并重、科学养护”时代，在役路桥服役性能逐渐衰退、进入病害频发期，在建路桥面临新的技术挑战，数字化浪潮也将带来新一轮的技术突破和跨界融合，路桥管养迫切需要在管理、技术、模式和人才等方面进行探索创新。创新之道，唯在得人。公司秉承“小核心、大协作、开放式、创效益、育人才”方针，坚持党管人才原则，大力实施人才强企战略，培育了一支以一流专家为核心的年轻化、层次高、结构好、素质强的人才队伍，在多个关键核心技术上，取得人才培养和科技进步双丰收，形成了“产学研用”一体化省级综合养护技术创新平台，企业发展“含金量”、行业影响力稳步提升。

二、经验做法

（一）让人才“聚”起来

瞄准“高精尖优”人才定位，构建“人才立体评价模型”，自主开发上线“苏高测评”小程序，量化评价人才的价值观、性格特点、能力水平与岗位的匹配度等指标，开展多维度、精准化引才。先后引入50余名海内外著名高校优秀博士、硕士毕业生，引进培养博士后3人和江苏省“333高层次人才培养工程”第二、三层次人才7名，培养江苏省交通运输行业高层次领军人才2人、创新团队1个。

（二）让人才“用”起来

一是打造一支一流科技领军人才队伍。围绕“交通强国”建设，全力打造以我为主、自主可控的技术研发和管理体系，聚焦耐久、绿色、安全、智能、快速等方向，摸清人才“缺口”，通过项目攻关、工程实践、人才交流等形式，围绕“三十年路面百年桥”的目标，强化人才建设，形成了一支能攻关、善创新的领军人才队伍。二是打造一支青年科技英才队伍。推行自主创新项目化管理模式，以“揭榜挂帅制”变相马为赛马，鼓励技术骨干和年轻员工大胆在实践中锻炼，在岗位上成长。大力实施“导师带徒”“青年能手”培育行动，定期遴选有潜力的青年作为优秀人才培养对象，培育后备力量，形成了领军人才言传身教、青年人才接续奋斗的人才培养链条。三是打造一支高素质专业化干部队伍。坚决采用市场化用工方式，全面推行经理层成员契约化管理，编制人才规划和岗位说明书，推行择优选用、竞争上岗机制，逐步拓宽了“管理+技术”双维职业发展通道，健全德才兼备的选用评价体系。不断提高干部知识化、专业化水平，坚持干什么学什么、缺什么补什么，努力成为行家里手，不断壮大各类人才队伍，为公司发展提供智力支持和人才保障。

“产学研用”一体化人才共建平台

（三）让人才“活”起来

一是优化评价体系。克服“唯论文、唯职称、唯学历、唯奖项”倾向，建立多维人才评价体系，注重个人评价与团队评价相结合，注重标志性成果的质量、贡献、影响，以实绩论“英雄”，突破评价标准

“一刀切”，实行差别化评价。二是创新激励机制。持续优化岗位、薪酬、绩效制度，实行薪酬与经营业绩相挂钩的差异化薪酬分配办法，打破“大锅饭”，实现干部员工能上能下，时刻保持队伍新陈代谢的活力。通过创新科技成果转化机制和模式，赋予科研人员职务、科技成果所有权或长期使用权等，完善科技成果转化激励政策，激发科研人员创新创业的积极性。三是搭建成长平台。通过建立合作中心、研发中心、搭建“论坛—讲堂—沙龙”三级学术交流体系等，不断提升人才队伍理论水平和实际业务能力。2021年，新建交通运输部“公路路基路面长期性能科学观测网”和“大跨索承桥结构安全与长期性能野外科学观测”两个基地。与交通运输部公路科学研究所、中交公路规划设计院有限公司分别共建了道路交通安全、桥隧工程、桥隧检测等技术中心，与张喜刚院士团队共建了江苏交控系统内首个国家级长大桥梁管养技术研究中心，与郑健龙院士团队强化交流合作，这一系列协同创新联合体的打造，为公司人才发展提供了强有力的平台支撑。

（四）让人才“跳”起来

一是优化服务保障。在充分尊重科研规律的基础上，改善科研条件、加大科研投入，近年来累计投入5400多万元，开展112项课题研究，让科研人员体会到更强的成就感和获得感。二是开辟绿色通道。严格落实党管人才要求，切实把党的政治优势、组织优势转化为人才发展优势，通过扩大会议等形式，积极支持领军人才参与企业经营管理决策，打破固有任用瓶颈，给人才开辟晋升、任免“专用通道”，进一步营造“基层能成才、干好有出路”的干部人才使用导向，实现人才成长与公司发展同频共振。三是实施刚性考核。将年度重点目标层层分解到具体部门、具体岗位，并与部门、岗位、员工的“创优”

工作相结合，与绩效薪酬挂钩，使表现优秀的员工脱颖而出、能力平庸的员工看到差距、考核落后的员工受到惩戒，形成了干事创业、奋发有为、创先争优的良好局面。

三、成果成效

（一）人才集聚，形成磁场效应

全公司现有管理和技术人员67人，平均年龄35岁，其中博士5人，硕士46人，研究生学历占比76%，党团员比例超过81%；建有江苏交控系统唯一的国家级博士后科研工作站，连续4年入选科技部“科技型中小企业”名单，成功申报国家级“高新技术企业”。持续搭建协同创新平台，扩编养护技术创新联盟，目前成员单位已扩充至19家。在目前已建成的13个合作中心之中，有交通运输行业研发中心1个，江苏省发展和改革委员会工程研究中心3个，江苏省科技厅工程技术研究中心1个。

（二）科技赋能，激发创新成果

截至2021年底，累计获得厅级以上科技进步奖49项，省部级以上奖励15项，其中7个项目入选交通运输行业年度重点科技项目清单，4个项目被全国性行业协会鉴定为“国际领先”。特别是首创的大流量高速公路集中养护技术研究，成功应用于省内外多个高速公路养护工程项目中，并为山东、江西、浙江等省的集中养护提供了借鉴。依托创新成果参编标准56项，申报并获受理专利34项。组织召开了3届优秀科技成果推广会，累计推广优秀养护科技成果15项，为“苏式养护”品牌享誉全国奠定了坚实基础。

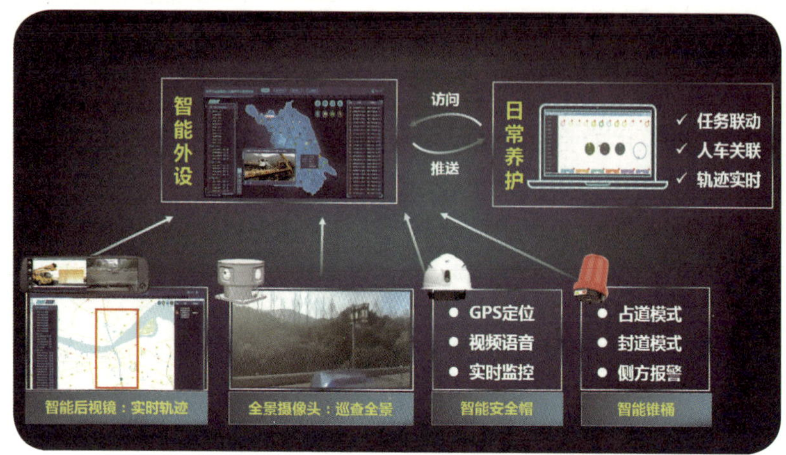

江苏高速智能外设管理平台

（三）改革创效，凸显发展优势

近年来，公司规模不断壮大，经营收入大幅增加，相关效益效能指标不断提高，在交通养护技术研究和技术服务领域的参与度和话语权持续扩大。2019—2021年累计实现经营收入2.94亿元，利润总额3100万元，经营实力稳步提升，“平台+实体”的转型成效充分凸显，发展势头持续向好，技术服务市场化、标准化程度持续增强。在做强做优做精主业的同时，谋求多元化布局产业链式发展，以科技创新和服务为核心，向养护材料、智能外设、工程设计、工程造价、低碳环保等领域延展，创造了新的效益增长点，实现“人才资源”向“人才资本”的转变。

“五式”工作法
打造基层管理岗位赋能新样板

——江苏交控人才发展集团有限公司

一、基本情况

江苏交控人才发展集团有限公司（以下简称“交控人才”）成立于2019年7月，作为江苏交控培训赋能的主阵地，实施以教培业务为主体、“人才+”和“职业认证”为两翼的“一主两翼、面向市场、突出

江苏交控人才发展集团有限公司培训基地

主业、多元发展”的战略，致力于打造江苏交控系统人才成长的一站式服务平台、江苏人力资源发展的综合性运营平台、海内外高端人才交流的开放性集聚平台。交控人才深入践行“人才强企”战略，聚焦教培主业，形成了“教培精准化、研学情景化、实训专业化”的培训特色，构建了“标准+定制”“数字+实景”“线下+线上”“理论+实训”的全链条培训体系。

为助力江苏交控基层管理水平提升，交控人才以江苏交控系统班组长胜任能力培训为试点，从培训与需求的契合度、培训与履职的关联度、学员参与的积极性、个人能力和认知的提升以及培训效果的考核等方面统筹考虑，创新项目运营管理模式，设计了“班组长胜任能力之王者荣耀排位赛”培训项目，并进一步探索形成“五式”工作法，为江苏交控系统提供人才支撑和智力支持。该项目参与中国企业数字化学习领域最具权威的“博奥奖”评选，从全国489家申报企业的532份参评案例中脱颖而出，成功斩获“最佳学习项目运营奖”，交控人才在全国在线教育培训平台上叫响了品牌，提升了地方性国有人力资源公司品牌形象。

二、经验做法

江苏交控系统内2600余名班组长处在企业管理工作的最前沿，是“兵头将尾”，其管理能力的高低将直接影响基层工作水平。2021年，交控人才积极探索创新培训项目运营模式，融入建构主义核心要义，创新“交互式调研、电竞式设计、阶段式管理、情景式交付、兑现式激励”的“五式”工作法，设计运营“班组长胜任能力之王者荣耀排位赛”培训项目，打造基层管理岗位赋能新样板。

（一）以交互式调研摸清真实需求

为了准确地把握培训需求，交控人才从组织、岗位和个人三个层面进行调研，通过访谈、专题座谈、网络问卷调查等多种形式，分别对江苏交控系统30余家单位的人力资源部相关负责人进行访谈，对系统内20余家单位部分优秀班组长进行全面调研。针对调研过程中收集到的有效信息，交控人才从岗位工作对班组长的能力要求、个人或队伍能力业绩、能力差距、以往培训情况四个维度进行了分析整理提炼，最终梳理出班组长角色定位和职责的认知、班组管理能力、班组管理方法技巧和工具应用、班组培训、班组工作规范、压力调节六个方面的问题清单。

（二）以电竞式设计提升培训趣味

交控人才从学员、问题和任务三个维度进行设计和实施，采用“线上+线下”混合培训模式，借鉴王者荣耀网游的创意，将线上教学模块的学习设置为游戏化的“通关打怪”模式，按倔强青铜一秩序白银一荣耀黄金一尊贵铂金一永恒钻石一最强王者等层级依次递进，增强了学习过程的趣味性提升了学员的参与度。步步闯关的学习过程，

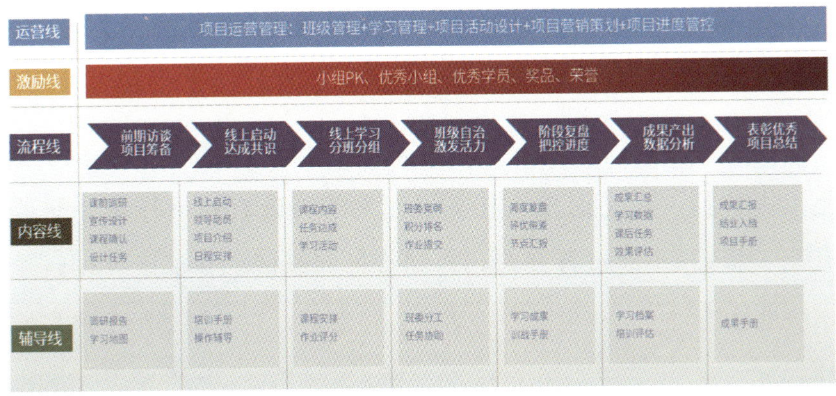

项目设计“五线谱”

活跃了学习气氛，助推了学习体验，注重将知识学习和实际场景的案例相结合，让学员聚焦实际业务，解决实际问题，不断成长为企业基层管理的有生力量。

（三）以阶段式管理把控整体进度

在项目设计方面，按照前期（整体策划设计）、中期（落地执行、阶段推进）、后期（成果产出、复盘提升）三个阶段实施。交控人才分准备、开营、实施、结业四个阶段详细设计了运营流程，包括培养策略设计、内容定制开发、交付实施准备等具体工作，制定详细的项目“施工图”，明确时间节点、具体工作、责任人及配合部门，挂图作战，有序推进，保证了项目的有序推进。

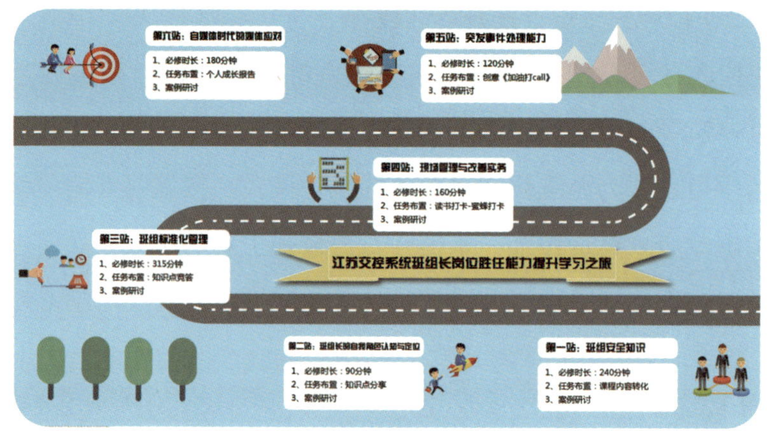

学习地图

一是开营造势引人气。在启动前，对开营视频、开营学习地图规划、龙虎榜、造势海报、任务说明书等开营素材进行充分准备，开营当天提前4小时进行开营预告和直播间测试，并采用“我们开营了，快进直播间——红包雨”等活动宣传造势，充分调动学员参与的积极性。

二是班级自治激活力。培训班强调班级自治，班委（班长、组长）承担大部分的班级管理工作，以个人/小组/班级比拼形式进行管理，充分发挥班长、组长在培训实施过程中的作用，在管理中实施“胡萝卜+大棒”的管理手段，助力项目成功。

三是阶段复盘提效率。交控人才每周召开一次专题会议，复盘项目运营情况，及时纠偏；每周开展3次“每日一题”活动，及时收集并审阅学员的答题情况，隔日进行问题解析；每周组织学员进行重要知识点回顾，开展知识点分享感悟活动；每半个月进行一次主题案例发布、研讨和分解分析活动，助力学员将所学的内容与实际工作场景相结合，使其学以致用。

（四）以情景式交付验证培训效果

交控人才始终坚持“学用结合、学以致用”的原则，精选实际工作中的共性案例和典型案例，通过实景教学或情景模拟的形式重现工作场景，运用课程中的知识和技能，处理实际工作中存在的难题。通过评估学员的现场表现和问题处理情况，对学员学习情况和培训成效进行双向检验，确保问题在课堂得到解决。学员通过培训，切实掌握工作技巧和方法，切实提升履职能力。

（五）以兑现式激励助力项目推进

项目开始时，制定了积分规则、考核制度和评优制度，除个人层面外，更强调小组和班级的集体荣誉，交控人才根据激励策略（激励线），利用小组比拼、优秀小组评选、优秀学员评比、发放奖品和荣誉等手段进行激励。通过个人、小组、班级三个层面对积分的争夺，以及积分奖励兑换，进一步增强学员的学习成就感、即时获得感和集体荣誉感，更好地引导学员投入到学习中去。

三、成果成效

（一）育培并重，提升了核心能力

项目的成功实施，既推动了班组长履职能力取得新的突破，也促进了交控人才项目管理水平和培训能力的进一步提升。在项目实施过程中，新开发了6大模块的班组长培训课程和30余个场景案例，丰富了现有的课程体系和案例库，增强了交控人才的核心竞争能力。在课程准备的过程中，就课程目标、课程大纲、案例选取、讲授方式等内容与内训师反复沟通，在保证课程质量的同时，促进了内训师教学水平的有效提升，为交控人才后续课程开发提供了参照样板。

（二）学用相促，提高了专业水平

该项目学习完成度高，96%的学员完成所有课程的学习、91%的学员完成个人成长报告、87%的学员课程考试合格、90%的学员完成所有的学习迁移表、82%的学员完成拆书任务，学员受训前后行为改变明显，班组管理绩效提升明显。交控人才借此萃取沉淀三大培训成果，形成了《优秀案例分析与解析》《优秀学习迁移表汇总》《个人成长报告汇总》，为江苏交控系统基层管理提供了丰富的案例和经验。此外，交控人才加强项目闭环管理，“从需求分析、方案制定、项目实施和复盘反馈”等方面进行提炼总结，形成《在线培训项目运营流程》和《在线培训项目班主任话术》等培训方法，为在线项目运营提供了借鉴和参考，大大提升了业务能力和专业水平。

（三）创新模式，开拓了外部市场

通过进一步的萃取和迭代，交控人才形成了一套成熟的管理模式，打造了一批具有交控人才特色的培训产品，并在系统外新客户的开发、培训产品的推介及承接项目的运营过程中加以运用。同时，交控人才“资源线”进一步充实，“朋友圈”得以扩大，与知名高校、企业大学、培训机构、省外同行等建立了更加紧密的合作关系，通过师资共享、基地共建、课题共研等活动，把成果内嵌到管理框架中，交控人才的核心竞争力不断增强，行业影响力不断提升，外部市场稳步扩大。

构建“三位一体”智慧服务平台
提供市场化大后勤服务保障

——江苏交控商业运营管理有限公司

一、基本情况

江苏交控商业运营管理有限公司（以下简称“交控商运”）成立于2019年1月，注册资本18亿元，是江苏交控全资子公司。长期以来，国有企业普遍存在后勤部门（或单位）管理能力差、冗员多、资源利用率低、经营效益低、市场竞争力弱、固定资产维护成本高等问题，一定程度上制约企业可持续发展。交控商运作为江苏交控“交通+”产业的重要组成部分，始终坚持“三位一体”投资性房产投资管理平台的发展定位，围绕“科学化、市场化、产业化”的江苏交控大后勤服务平台建设，积极融入市场经济，推进多元化经营，公司经营逐步实现从后勤管理行政机制向企业经营管理方向转变，工作重点实现从高质量建设向高品质服务和高水平运营方向转变。

二、经验做法

（一）构建信息化供应链集采平台

交控商运以江苏交控“六朵云”建设为契机，结合网络平台线上优势、实体店品牌优势和系统内资源优势，开发上线交控商运数字化服务商城（以下简称“交控商城”）供应链集采平台，推进商贸供应链经营服务全流程建设。

“交控商城”服务平台

一是深化数字化转型，搭建在线化、全领域、一体化消费场景。交控商运抢抓新基建、新场景、新消费、新生态的发展机遇，加强新基建、大数据分析、移动物联网等技术手段运用，借助“交控商城”服务平台线上优势，发掘数据、科技、人力资本等新要素的聚合效应和叠加效应，将“交控商城”打造成为新型数字化服务平台。

二是开拓商贸服务渠道，综合商户品牌、产品质量、成本效益等市场化标准遴选合格供应商。近年来，交控商运持续引进国内外优质品牌和产品，切实提高“交控商城”产品质量，丰富产品类型，有效降低公司整体运营成本。目前，交控商城已签约国内外知名供应商38家，拓展办公用品、家用电器、劳保用品、扶农产品等商品至12品类、2586种，商品平均销售价格比京东、苏宁等大型电商平台低5%～10%。

三是整合系统内部资源，实现与兄弟单位间的协同共进、合作共赢。2021年11月，交控商运积极推动“交控商城”企业购入驻江苏交控电商采购平台，目前已与江苏交控本部、数字交通研究院、江苏高油、现代路桥、通行宝公司等12家单位陆续开展合作，商城注册会员已突破万人，基本具备与苏宁企业购、京东企业购、得力企业购等多家电子商务采购供应商品牌同台公平竞争的实力。

（二）构建综合化服务管理平台

交控商运积极践行江苏交控“快乐工作、健康生活”的文化理念，秉承为职工群众办实事、办好事的初心，不断创新服务形式，丰富服务场景、提升服务质量，为交控大厦各入驻单位及员工提供更具品质、更加周到全面的服务，自身也实现了从被动依赖集团向主动吸引员工消费方向的转型。

一是开发智能化服务系统，推进从传统线下服务转变为线下线上一体化服务。交控商运加强与信息系统单位合作，相继开发数智食堂云平台、物业综合管控平台、ERP[1]库存管理系统、智能照明系统等一系列智能化物业管理系统，不断提升交控大厦服务水平，优化服务流程，树立交控大厦物业管理优质品牌形象。

二是提升餐饮服务质效，推进从满足集团员工基本物质需要转变为提升员工生活质量和幸福指数。开展食堂满意度调研，结合交控大厦员工需求不断提升就餐体验感。实施规范化管理，精心选取优质供

[1] ERP：企业资源计划。

应商，严格把控原材料品质。提倡健康餐饮，办好轻食专区，持续创新食堂明档，不断丰富菜品种类。交控食堂开办以来，共计研发早点、热菜、汤品、主食350余种，并提供中西点、牛奶、卤菜等12大类170余种外卖产品。

交控商运智能化服务系统

三是拓展服务范围，推进从单一独立的物业管理、餐饮服务、会务保障等后勤服务转变为综合型、增值型运营服务。交控商运积极配合集团打造党史学习教育阵地、建立瑜伽室和健身房，创建交控大厦“康乃馨女职工服务站”，组织策划“年货节”等节庆主题活动，提供理发和洗衣等增值服务，与金融城签订首期176个地下车位转让协议，完成周边环境提升、楼前绿地内配电柜迁移、新能源汽车充电设施建设等。

（三）构建专业化固定资产管理平台

交控商运立足交控大厦固定资产管理，建立规范高效的市场化管理体系，减少购置成本和维护成本，提高资产使用和运营效率，实现固定资产保值增值，推动公司向轻资产方向转型。

一是“以租代买”节约采购成本支出。针对新购置的固定资产，交控商运积极探索并尝试通过融资租赁方式获得家具使用权，相较于一次性全款支付的传统方式而言，付款周期进一步延长，采购成本进一步摊薄，企业运营周转压力得到有效缓解。目前，该模式已广泛运用于江苏交控本部、交控商运及大厦公共部位家具，自交控商运成立以来累计节约采购费用500万元。

二是“修旧利废”盘活存量资产。交控商运致力于打造绿色低碳的交控大厦办公环境，广泛开展利旧活动，对江苏交控本部、交控商运原有家具进行回收整理和二次使用，统筹管理交控大厦入驻单位旧运动器械，循环再使用于大楼员工活动室，实现存量资产效用最大化。

三是建立健全制度化、智能化的综合管理机制。加强固定资产管理制度建设，积极开展固定资产管理工作专项调研，编制《交控商运固定资产管理办法》，厘清资产实物和账务管理职能职责。规范固定资产管理流程，按照“以账查物，以物对账”的原则，对交控大厦固定资产进行全面清查盘点，安排专人现场核实登记固定资产信息，及时完善系统数据。健全资产管理考核机制，针对固定资产管理工作中存在的问题，积极开展“回头看”，构建考核约束机制，优化考核管理措施。升级固定资产管理系统，完善固定资产实物管理操作规程，实现固定资产管理信息及时更新、实时追踪，切实做到账实相符。

三、成果成效

近年来，交控商运立足“商运”发展的定位，以智慧服务平台为抓手，持续提升经营能力和综合服务能力，不断做大做强“交通+商贸服务”产业，探索并走出了一条“交通+商贸集采+服务管理+固定资产”的多维度发展新路径，以更高站位、更宽视野在江苏交控的产业板块上实现新突破。

（一）经营效益持续提高

作为系统内“交通+商贸服务”的标志性企业，交控商运坚持独立自主经营，在管理上与集团其他产业相互分离，全力打造新的经济增长点。交控商城运营不到一年，销售额累计达700余万元，创利润50万元，日均销售量约300单。2022年以来，交控商运以整合商贸物流资源和尝试新零售业态促转型，切入大交通产业服务链，与江苏交控各部门、各所属单位加强深度合作，持续丰富交控商城品种，新增防疫物资、医疗用品、劳保用品、扶农助农等产品，预计2022年度销售额将突破5000万元。

（二）品牌价值持续放大

交控商运聚焦“服务为本，不忘初心”，在做好传统物业服务的基础上，积极加强物业服务系统建设，持续拓展交控大厦服务场景，提升服务体验，集团所属单位及员工的满意度不断提升，商贸服务和运营管理品牌形象更加突出。2021年，交控商运完成全楼45个会议室会议系统布设，完成2609场会议、30471人次服务保障工作。交控展览馆累计接待系统内外219批次2265人次参观。交控大厦物业管理、会议接待、展览馆运转、食堂运营情况良好。

（三）社会责任持续发挥

交控商运借助“交控商城”聚合优势，大力发展平台经济，挖掘品牌效益，扩大规模效应，形成了以系统内服务为主体的商贸圈、产业链，主动融入长三角区域发展一体化和交通生态圈建设。在此基础上，积极贯彻落实江苏省委、省政府“消费帮促行动”工作要求，开辟“扶农产品”专区，为省内重点帮促县区农副产品销售提供平台支持，在“助农扶微”中彰显了社会责任担当。

本章启示

健全市场化经营机制，追本溯源，核心是充分调动人的积极性、建立四种动力机制。

改革引进使用机制。预测人才需求，明确人才标准，重点引进符合产业发展方向、专业基础扎实、综合素质优良、掌握先进技术的国内外高层次人才。统筹推进管理、技术、技能三支队伍建设，优化人才成长通道，满足人才成长的多样化需求。

创新教育培养机制。提高人才培养效能，优化人才培养模式，构建从测评、培训到职业发展的全链条培养体系，建立线上线下相结合的教育基地、培训基地、实验基地和实训基地，为人才发展保驾护航。

优化科学评价机制。建立符合市场规则的人才评价机制，坚持以岗位职责为基础，遵循全覆盖、可量化、可追溯原则，坚持凭能力、实绩、贡献评价人才，克服唯学历、唯资历、唯论文等倾向，突出以实践和贡献评价人才。

完善激励约束机制。明确以创新能力、工作质量与业绩贡献为核心的激励导向，坚持开展分层分类的综合考核，强化结果兑现，提升人才考评实效。

第四章 深化创新驱动和数字赋能

本章导言

以“鼎新”带动“革故”。

习近平总书记在中国科学院第十九次院士大会、中国工程院第十四次院士大会上提出：“要以智能制造为主攻方向推动产业技术变革和优化升级，推动制造业产业模式和企业形态根本性转变，以‘鼎新’带动‘革故’，以增量带动存量，促进我国产业迈向全球价值链中高端。”[1]

江苏交控坚持以“数字产业化、产业数字化、数字化治理”为主

[1] 《习近平在中国科学院第十九次院士大会、中国工程院第十四次院士大会上的讲话》，来源：《人民日报》（2018年05月29日02版）。

线，以科技创新和数字经济为驱动，以信息化管理和大数据治理为支撑，践行“四新”工程，打造“四块高地”。

筑实新基建，打造关键核心技术创新高地。新基建加码先行，加快新一代核心数字科技的自主研发步伐。江苏交控在全国交通行业率先使用公有云部署各类应用，建成强大的云上基础设施，相比传统模式，在建设资金和建设周期上节省70%以上。研发部署精准匹配智慧交通的SD-WAN网络，有效支撑数字化业务场景下多变的业务需求，实现云网协同。打造“高速大脑”“数智营运”等平台，对“苏式养护”实现智慧升级，提升高速公路智慧化治理和对外服务水平。

完善新治理，打造企业数字化治理示范高地。通过构建信息管理架构，完善数字化管控体系，优化数据治理机制，实现跨部门、跨层级、跨地区的高效服务和协同治理。建立集决策层、管理层、技术层和应用层于一体的信息化建设总体架构，打造科技信息部归口管理，产业发展、数字交通、工程技术、营运管理“四大研究院”提供技术支持，所属科技型企业资金、技术力量统筹调动的“1+4+N”创新协同平台，共同支持科技管理与应用研究。

孕育新生态，打造人民数字化出行体验高地。“新生态”既是指通过迭代升级路网管理操作系统等推进高速公路运营管理，又是指通过数字化技术为交通出行生态赋能。围绕高速公路路网调度打造流程全覆盖、管理全方位、社会全参与的实时互动“调度云”平台。在全国开创高速公路全路段准自由流通行先河，通行效率提升3倍以上。实施动态精确的“大流量管控”和“智能化保障”，提供安全满意“数字化出行”。

发展新经济，打造江苏数字经济产业发展高地。围绕“数据赋能、智能联网”的导向，以“六朵云”“车路协同”“ETC+”等为切入点，建设大数据中心、人工智能、产业互联网等国内一流水平新型基础设施，形成新技术深度融合的交通创新生态圈。以科技为动力、以市场为导向，加快数字产业化引领，实现平台输出、服务输出、价值输出，在技术和信息的开放共享中打造数字经济新高地，孕育数字经济新生态。数字交通研究院发挥“云网边端”新基建架构应用实践先发优势，形成江苏交控模式“走出去”的创新实践。

“六朵云”点燃“数字经济”新引擎

——江苏交通控股有限公司

一、基本情况

信息化顶层设计不够深入、业务与技术融合不够紧密以及跨部门协作联动机制不够健全等问题一直是企业信息化发展、数字化转型道路上亟待攻克的难题。“十三五”以来，江苏交控准确把握智慧交通发展和国企数字化转型的新形势，加快推动数字化智能化升级转型，坚持“数字交控”核心战略指引，围绕“降成本、求效率、高质量、增利润、赢满意、图发展、强品牌”经营目标，以“云网边端”一体化数字新基建为底座，打造了党建云、内控云、资管云、调度云、收费云、服务云“六朵云”信息化项目，有效突破了信息化数字化建设中业务条线各自为战、重复投入、缺乏整体性、配套机制不足等发展瓶颈，进一步统一了全系统数字化建设理念和管理模式，跨出了国有企业数字化转型的关键步伐。

江苏交控“六朵云”

二、经验做法

（一）顶层谋划，引领信息化建设高水平构建

“十三五”期间，江苏交控预见到数字化转型是推进高质量发展的必由之路，迅速谋划布局，扎实开展信息化体制机制改革创新，在战略谋划和体系支撑上敢为人先，从集团层面统一一个数字化转型理念、一套信息化顶层设计和一支信息化核心团队，确定并始终坚持一条以云为驱动引擎、以数据为生产要素、以生态为汇聚载体、以集成创新为主流模式的信息化建设路径。江苏交控坚持“以我为主”，自主搭建“云网边端”新基建架构，自主实践“敏捷迭代”开发模型，自主开展软件产品设计，自主参与平台测试与运营，形成具有江苏交控特色的信息化建设顶层设计与数字化转型发展道路。

（二）创新攻关，加速数字新基建高能级跃迁

江苏交控顺应科技变革新趋势，锚定产业变革新方向，加快5G

（第五代移动通信技术）、大数据、人工智能、区块链、云网融合等关键技术攻关布局，以互联网企业为标杆进行技术创新、集成创新和应用创新，构建了适应江苏交控业务特点和发展需求的集团级数字新基建赋能平台，为业务数字化创新提供“云网边端”一体化服务支撑。

“云”——使用公有云改变承载基础

- 2012年，江苏交控开始使用云计算。2017年，云、管、端的新基建模式写入了集团的信息化管理办法，成为全系统标准信息技术架构

“网”——研发SD-WAN颠覆传输模式

- 2018年研发成功完全自主可控的，能解决交通一张网全业务全场景的最新一代互联网技术新基建网络

“边”——运用操作系统解耦硬件关联算

- 边缘计算是为统一承载各类高速公路应用、为大数据平台、为数字经济平台而建

“端”——兼容泛在终端实现自由互联端

- 硬件终端是连接在边缘计算设备上的一个个感知设备，软件终端是用户手中的一个个应用功能

江苏交控“云网边端”新基建底座

一是创新构建了强有力的云上基础设施。基于公有云对外提供计算、存储、网络等数字生产力，在全国交通行业率先使用公有云部署各类应用。目前，集团100多个系统在云上平稳运行，3500多台服务器和网络设备、5000多条网络连接、1万余条安全规则在云上部署，云端接入了1万多路实时视频，记录了50万余起交通事件，存储了100亿余张高清图片。

二是创新组建了通而达的智能承载网络。基于云到端、端到端的扁平化SD-WAN网络架构，精准匹配智慧交通业务场景。通过软件定义自动化部署，实现业务全面承载、站点全面覆盖、路径全面可达，连通江苏路网46个路段中心、95对服务区、353个收费站和3257条车道，支撑路网30多项业务数据资源在云上汇聚、处理和应用。2020年，江苏交控SD-WAN组网建设成为“智慧江苏”十大标志性工程。

三是创新搭建了快且准的云端视频中台。视频上云联网全面实现，基于“云—管—端”架构的“视频云联网”江苏方案形成交通运输部视频联网建设方案并推广至全国。构建车牌识别平台，优化车牌识别引擎服务模式，最高日抓拍图片上云超4000万张，识别率高于99.9%。建立云端分析平台，基于云端海量交易流水、车辆信息等大数据分析，为收费、值机和执法提供“数字化取证”，为全省疫情防控一线提供重要技术支撑。

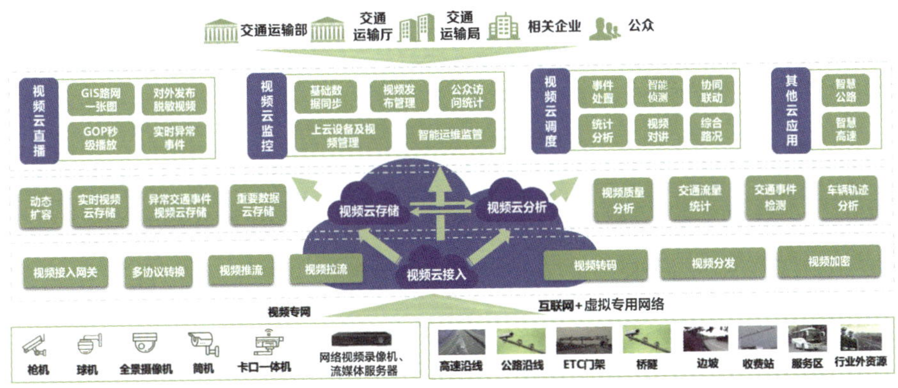

云端视频中台

（三）落地深化，推动数字化转型高质量发展

“一张图”深化推进平台落地应用。制定“六朵云”落地应用实施方案，在充分调研一线业务现状和需求分析的基础上，协同相关业务部门以点带面推动平台需求反馈、功能优化、应用落地与数据归集。“内控云”相关功能模块持续迭代、逐步优化、陆续上线，提优使用体验。“调度云”实现升级拓展和功能整合，有效解决重复上报、标准不一等“老大难”问题，降低一线人员劳动强度，提升工作质量、处置效率及服务水平。召开“调度云”现场推进会，调度系统在完

善、整合的基础上全面推广使用。创新财务系统建设模式，采取自有技术力量联合社会专业技术力量共同组建研发团队，优势互补，协同推进。

“一股劲”强力夯实数字基建底座。围绕“数字产业化、产业数字化、数字化治理”主线，江苏交控积极推动数字交通与数字经济的深度融合发展。2021年4月22日，在第二十三届中国高速公路信息化大会上，发布了拥有智慧算力的边缘操作系统Edgewize、开放融合的交通行业应用中心iCenter以及基于实时交通大数据分析的行业决策体系“高速大脑”等数字交通新基建产品。“云网边端”一体化全面贯通，拓展了高速公路边缘侧汇聚、融合、计算能力，解决了传统机电系统终端设备难以数字化等“卡脖子”问题，丰富了智慧交通场景新应用、新生态。

“一盘棋”协同构建智慧产业生态。在数字新基建底座基础上，进一步打造开放包容、共用共享的数字交通生态圈。与青云、阿里云、腾讯云、监控易携手共建“云”，与移动、电信、联通三大运营商联手推进“网”，与华为、海康、信路威等共同拓展“边”，与金溢、成谷、顶基、德亚等率先对接“端”，从供给侧拉动全业务场景应用、全链条协同发展，为高质量构建可持续发展的综合交通生态体系，高水平建设“强富美高”新江苏和“交通强国”先行示范区提供了坚强支撑。

三、成果成效

依托“六朵云”一站式门户平台，江苏交控纵向贯穿打通业务条线全流程、横向重塑跨业务跨部门流转范式，数字化管控体系逐步完善，开拓了“智慧交通”新业态。“六朵云”成果华彩绽放、引领行业变革，还得到了交通运输部以及业内同行的高度评价，成功入选2020年全国国有企业数字化转型优秀案例，推动江苏交控高质量、可持续发展向更高水平进发。

（一）实现了数字“新治理”

基于“内控云”“资管云”，江苏交控建立了横向到边、纵向到底的数字化管控体系，渗透组织末端，覆盖集团33家所属企业和2.8万名员工。目前，数十个流程、上百种应用已稳定运行1600天，电子文件日产生3000份、各类业务数据近亿条，实现了不同业务链条的数据共享和流程融合，变人工治理为流程治理、数据治理，加速推进治理体系与治理能力现代化。

（二）提升了信息“新服务”

“服务云”将行业内的信息、能力、数据开放给社会公众和企业。C（客户）端服务以“江苏高速”微信公众号为入口，把高速公路、服务区、收费站等实时事件信息开放给社会公众，获得180万粉丝关注，最高日点击量3500万。B（企业）端服务以数据服务中台为入口，把数据开放给政府部门和有需要的单位，现已上线90多种接口，日均调用次数达50万次，接口调用成功率达99.87%。

“党建云”将互联网、云计算、人工智能等技术和党建业务深度融合，提供了矩阵式智慧党建云服务。

（三）打造了行业“新生态”

“收费云”实时汇聚车牌抓拍图片，攻克了车牌人工智能识别、缺失路径还原等多项核心技术，即时核准收费信息。“调度云”平台汇聚了视频、情报板、语音、气象、全球定位等感知数据，将预警、调度、协商、分析、服务等融为一体，高效支撑“一路三方”交通事故处置、恶劣天气管控以及安全保畅联勤联动。超过3万名路方人员和4000名高速交警共同使用，每年处理突发事件15万起、发布情报板信息200万条、处理语音信息500万次。通过大数据智慧扩容，路网通行能力总体提升约18.3%，真正实现了“车在转、人在看、云在算”。目前，“调度云”平台相关方案已推广至全国18个省份，取得近2亿元规模效益，数字经济产值将在新一轮数字化浪潮中进一步扩大。

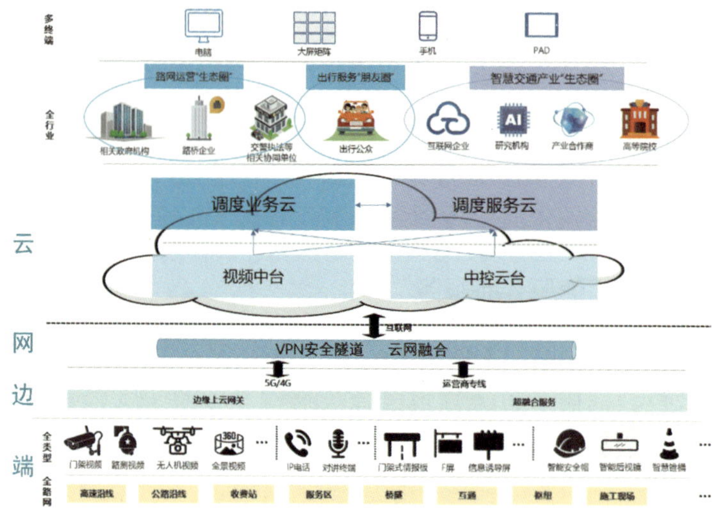

“调度云”平台

盘活路网数据资源
建设“数智营运”平台

——江苏高速公路联网营运管理有限公司

一、基本情况

江苏高速公路联网营运管理有限公司（以下简称“江苏高网”）成立于2005年，是由全省高速公路经营管理单位共同出资设立的非营利性办事机构，主要负责全省联网高速公路通行费拆分结算、路网运营调度、公众服务、信息化规划和技术统筹等工作。

江苏省调度（应急）指挥中心

随着高速公路全国“一张网”格局的形成，群众对于高速公路品质服务的需求日渐提升，依赖人工、依靠经验的管理和服务方式已不能适应新的需求，管理工作对信息化、智能化、自动化系统的需求越来越强烈，但是传统三大机电系统烟囱式的建设模式导致了重复建设、数据孤岛等问题，无法满足数据深度挖掘、综合应用的需求，阻碍了管理效能的提升。为提高管理智慧化水平、全面提升公众“快速畅行体验感、品质服务体验感”（以下简称“两感”），2020年底，在江苏交控“高速大脑”总体布局之下，江苏高网创新提出“高速大脑—数智营运”建设思路，紧锣密鼓启动项目建设，利用大数据、人工智能等先进技术手段，盘活路网数据资源，强化路网智能化自主决策能力，全面提高全省高速公路营运管理信息化水平。

二、经验做法

（一）汇聚数据资源

在信息化建设推进过程中，各业务系统以及系统内、外部单位对数据共享应用的需求日益增长，却面临着数据源不统一、数据标准不一致、数据多头对接效率低等问题，给各业务部门及路网成员单位挖掘数据价值带来了极大不便。为打牢数据基础，支撑新技术应用，江苏高网搭建了大数据平台，开展了路网数据资源整合。

一是完善数据底座，汇聚全量路网营运数据。江苏高网基于撤站工程建设了私有云，搭建了大数据平台，对路网营运数据进行接入、存储、清洗，实现了调度、收费、客服等营运数据的集中，目前共接入收费、客服、调度等5大类10小类数据，每日数据接入量达1.7亿余条。二是开展“数据回家”工作，支撑数据共享应用，开发标准化接口，统一提供数据服务、产品服务，为业务管理赋能。目前，江苏高网已实现向江苏省公安厅、江苏省应急管理厅等5家政府部门，宁沪公司、南京公路发展（集团）有限公司等19家路网成员单位以及指挥调度、收费稽查等5项具体业务提供数据共享服务，日均共享数据量达1.6亿余条。

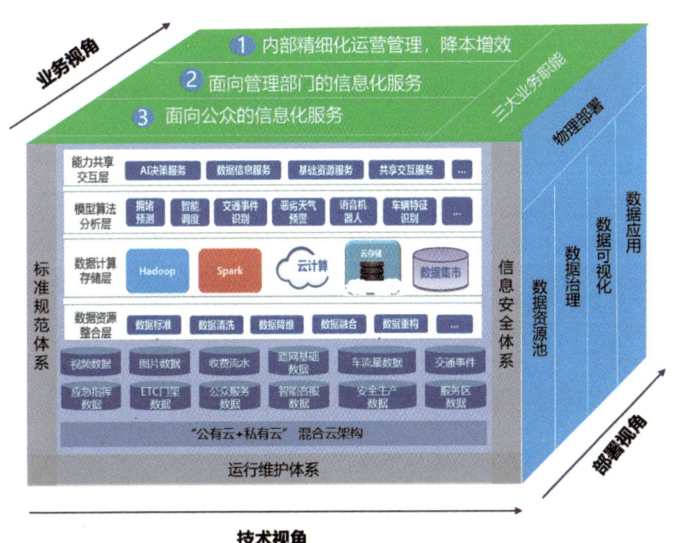

大数据平台建设思路

（二）人工智能辅助决策

高速公路形成全国“一张网”格局后，集约、统筹将成为主要方向，管理工作迅速发生变化，收费、调度、公众服务、稽核等线条式的管理模式正在向综合管理过渡，为了助力管理工作，“数智营运”要打通业务孤岛，对相关系统、功能进行整合，决策驾驶舱应运而生。

决策驾驶舱是路网营运管理智慧的集中，是“数智营运”的“业务中枢”，业务管理中需要集中思考的关键问题、集中统计分析的数据信息，都由决策驾驶舱来处理。一是实时数据量化管理效能。以提升“两感”为目标，构建系统营运指标、畅行江苏、品质茉莉三大板块，建立大数据分析模型，对采集的实时数据进行智慧分析研判，实时生成路网畅通率、拥堵率、流量饱和度、舆情分析、服务区入区率等40余类数字化营运指标，为查找管理缺失、提升管理效能提供决策依据。二是智慧分析提供辅助决策。全面梳理各部门对于数据使用、分析、统计的具体需求，自动生成营运指标及路网运行日报、通行费征收日报、营运月报等10余张营运管理业务报表。集成车辆路径查询、断面流量查询、历史事件回溯等实用功能，为各部门提供跨业务的微服务，为决策层、管理层、执行层提供不同层次的数据查询权限，从不同维度支撑路网管理工作。

决策驾驶舱智慧能力可视化

（三）整合调度资源

随着业务管理工作的不断深化、细化，江苏高网近几年开发了挂图作战系统、应急指挥调度系统、智能调度系统等调度指挥业务系统，部分系统功能重复，存在多头填报等问题。在“一张网”融合运行新趋势之下，为提高管理效率，需要深化调度业务系统整合。一是统一事件填报口径，标准化业务流程。协同相关单位（部门）统一了交通事故、养护施工、恶劣天气等7类事件的报送流程以及数据填报内容，系统性地解决路桥单位多头上报、重复上报的难点、痛点问题。二是推动功能整合，融合智慧能力。在实现事件信息统一填报的基础上，整合了智能调度、气象系统等相关智能分析功能，为调度管理提供拥堵监测及预测、重点车辆监测、雾情告警、管控预案研判等五大智慧化能力。

三、成果成效

“数智营运”平台通过数据和应用解耦合、业务应用和核心技术解耦合，重塑高速公路营运管理技术架构，实现了三大变革。

（一）实现了数据共享应用模式变革

通过大数据平台的数据汇聚、共享能力，解决了数据不全、数据不准、无从对接等问题，实现了营运管理从“要数据”向“给数据”的转变，推动江苏交控所属单位从“路网研判”走向“自主研判”。如沿江公司利用ETC门架流水、交通态势数据等实现了道路主动管控，成功上线了“沪苏浙高速公路主动管控平台”。在疫情期间，公安系统利用共享的车辆流水数据实现了有效的疫情防控。

（二）实现了决策管理模式变革

通过决策驾驶舱的智慧能力为管理人员提供数据化、智能化的决策支持，实现了从“经验决策”向“数据决策”的转变。通过大数据舆情研判功能累计搜索了5000余万条舆情数据，分析热词100余个，有效助力服务品质提升。通过超速研判功能累计向高速交警推送了300万条超速数据，有效减少了危险驾驶行为。

（三）实现了业务管理模式变革

通过搭建统一的调度管理平台，实现了业务由“多平台”重复操作转变为“统一平台”统筹调度。通过扁平化管理，精简了业务流程，疏通了信息传输渠道，有效提升了业务人员工作效率，保障应急管理及时高效。利用平台拥堵预测、预案研判功能，调度人员能够有针对性地提前采取道口关闭、收费站分流等管控措施。目前系统已累计自动分析3500余条主动管控策略，节假日道路拥堵时长较往年减少了13%。

以“云网边端”一体化 打造智慧高速“准自由流”收费新模式

——江苏高速公路联网营运管理有限公司

一、基本情况

取消高速公路省界收费站后，全国高速公路“一张网”进入了一体化运行的新阶段，高速公路收费技术和运营管理等方面都有了较大变化。近年来，江苏高速公路联网营运管理有限公司（以下简称“江苏高网”）以打造“少人化、无人化”未来收费站为蓝图，进一步提升高速公路“快速畅行体验感、品质服务体验感”（以下简称“两感”），在全国首推“准自由流”收费，以“云网边端”一体化数字

江苏高速公路联网营运管理有限公司

新基建为底座，全力打造了基于新基建的“准自由流”收费系统建设项目。

新一代收费系统采用“云平台—站级边缘云—车道点”架构，借助松耦合的方式，形成一个可扩展的交易服务和通用统一的控制服务。ETC车道的收费设施前移至收费站入口匝道的ETC门架系统，增加行车道宽度，车辆通过收费广场匝道会流处的预收费ETC门架系统时完成交易，道口交易时间从原来的0.35秒缩短至0.1秒。

二、经验做法

（一）“三必然”引领自由流收费系统建设

随着全国联网收费日趋成熟、ETC用户量不断增长、驾乘人员通行体验需求不断提升，自由流通行必然是未来通行的发展方向。

一是全国高速公路“一张网”融合运行新背景下技术发展的必然趋势。交通运输部“一张网”早期方案中采用分段收费，目的是最终过渡到自由流收费。由于多方原因，采用了路径拟合收费、出口统一收费方案，待技术条件成熟后，再逐步推进自由流收费。从世界范围来看，美国、欧洲各国及新加坡等发达国家均采用了自由流收费方式。在国内，广东、福建、浙江等多个省份启动了自由流收费研究工作，深圳市在2021年智慧交通工作任务中明确提出要制定高速公路自由流收费试点方案并开展关键技术研究。

二是提升公众“快速畅行和品质服务”体验感的必然需求。根据2019年全国高速公路省界收费站撤站要求，各省须大力推广ETC通行，ETC使用率须达到90%。截至2021年底，江苏路网ETC使用率达到68%，已由以往的MTC（人工半自动收费）车辆通行为主变为ETC车辆通行为主，提升ETC用户的“两感”体验、实现车辆自由流通行是江苏高网提高服务品质的重要目标，目前收费道口布局及收费方式已不能适应ETC用户快速增长和ETC高效通行的需求。

三是提升“一张网”背景下高速公路收费管理水平的必然要求。“一张网”背景下，收费业务管理模式发生重大转变，收费站、路桥公司、省调度中心功能定位调整，逐步向业务集中化、管理扁平化转变，收费模式逐步从离线收费向在线收费转变，智能化、精准化、差异化的收费服务将成为主流，需要利用大数据、云计算等技术为综合稽查、集中值机等业务提供支撑，以适应在线计费、跨省对账、差异化收费等新需要。

（二）“三步走”指明自由流收费发展方向

江苏高网规划了自由流收费的“三步走”战略。第一阶段是“有卡无亭”，即取消ETC收费亭，实现在线交易和云收费，满足现阶段收费管理需求，并在新建或改扩建收费站实现准自由流收费系统落地。第二阶段是“无卡有站”，即在第一阶段的基础上，开展基于5G（第

世业洲收费站ETC出口无杆自由流

五代移动通信技术）、北斗卫星导航系统、电子车牌、数字货币等技术的收费系统研究工作，探索实现无通行介质条件下的收费。第三阶段是“无卡无站”，结合信用体系的建立，取消收费道口、收费站，最终实现无站自由流通行。

由于现阶段通行介质存在的必要性以及各省的差异性，导致高速路网还不具备完全实现高速公路开放式无站自由流收费的条件，目前江苏高速公路自由流收费还处于第一阶段，江苏高网着力打造准自由流收费系统试点建设。

（三）“六个新”建设“准自由流”收费模式

江苏高网的准自由流收费系统项目，主要在机电建设布局、收费交易流程、收费体系架构、收费技术、收费管理、行业设计标准六个方面突破创新。一是新的建设布局。取消ETC车道收费亭设置，入/出口最外侧收费岛各保留1个收费亭用于CPC卡（高速公路复合通行卡）通行，通过“去亭减人”实现降本增效。拓宽传统车道，行车道宽度由原来的3.2米增宽至3.5米，并将道口设备集约化和一体化，带给公众更为通透的过站视觉体验。二是新的收费交易流程。在收费广场匝道汇流处建设预收费ETC门架系统，创新性采用“匝道预交易+出口验证”的新收费流程，大幅度提高ETC用户通行效率，并对ETC车辆异常情况进行预判，提升用户体验的同时缓解收费站通行压力。三是新的收费体系架构。将原有的车道—收费站—省中心架构转变为“云网边端”一体的扁平化结构，高效利用5G、云计算等技术实现“Pad收费终端—省联网中心”在线交易，逐步构建在线生成交易流水数据、在线清分、在线拆分的收费体系。四是收费技术新基建。ETC道口不再保留车道工控机，利用自动收发卡设备、网络化外设和智能化终端盒，将硬件变成标准化的通用模块接口，实现“软件定义设备”和“硬件虚拟化”。五是收费管理新突破。在管理上将收费值机、收费稽查与收费业务数据融合，打造集营运、稽核、运维、特情处置为一体的综合化管理平台，广泛提高高速公路运营管理效率。六是设计行业新标准。通过研究并试点准自由流收费系统新架构，制定《江苏省高速公路收费站准自由流收费建设指导意见（试行）》，为后续江苏省高速公路收费站准自由流收费建设提供依据。

三、成果成效

目前，基于云边协同的高速公路准自由流收费系统在五峰山高速公路的4个收费站已试点成功，在全国首次实现全路段准自由流通行，营运成效显著。

（一）经济效益效果明显

“准自由流”收费后，人工车道全部转为自助车道，自助收发卡缴费机投入使用，现场单个收费员可管控3～4个车道，企业用人压力得到缓解。以沪宁高速公路高桥收费站为例，共有4进4出8个车道，出

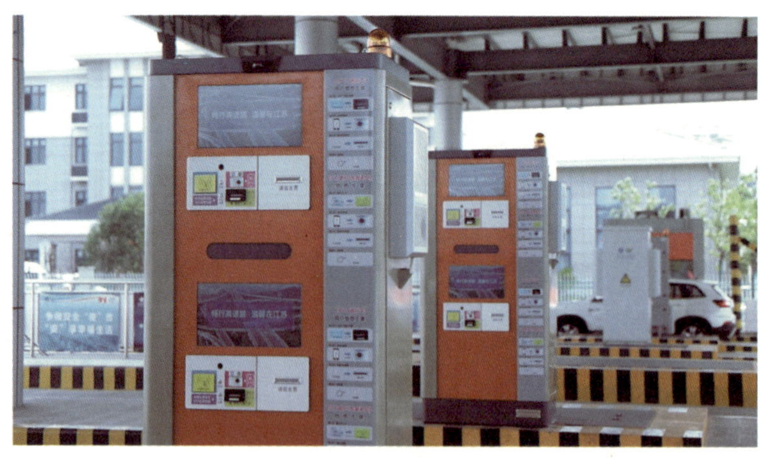

自助收发卡缴费机

入口日均流量近1300辆，在使用“准自由流”收费后，收费员编制由17人下降至14人。若在大流量收费站推广，人员配置方面的效果将会更加明显。如果全省430个收费站都实现准自由通行，按照每人每月人力成本1万元估算，仅人力成本一项，“十四五”期间预估可节约近6亿元，可释放出巨大的经济效益。

（二）公众“两感”体验更好

采用ETC门架预交易模式，交易成功率100%，制动、倒车后重新通过车道的现象大量减少，过车效率更高。自助收发卡缴费机的使用，使现场所有收费设施设备运行不再受人员限制，过往车辆能够全车道通行，收费站不再成为“堵点”。同时，取消ETC收费亭，车道遮挡物减少，驾驶视野更广，进一步提升了用户的“两感”体验。

（三）安全环保更有保障

取消收费站收费亭后，驾驶人员无通行视角盲区，车道通行风险大大降低。同时，随着“准自由流”收费车道车辆通行速度提升，工作人员与车辆无感接触，有利于疫情防控，减少感染风险。另外，无感过站使得汽车尾气排放与噪声也明显减少，现场工作环境、通行环境更加安全、健康。

“苏式养护”打造“三十年路面百年桥”

——江苏交通控股有限公司

一、基本情况

自1996年江苏第一条高速公路——沪宁高速公路江苏段建成通车，经过20多年的持续快速发展，江苏高速公路路网密度全国领先，跨江特大型桥梁建设数量屡创新高。截至2021年底，江苏交控管辖高速公路4409公里、跨江大桥7座（其中通车年限15年以上的占53%，通车年限10年以上的占79%），路网内日均出口流量212万辆，年均增长10%以上。

在路龄长、路面老化、路网荷载繁重的情况下，江苏高速公路路况水平始终保持全国领先，养护与管理始终领跑全国，这些成绩与一个匠心铸就的管理品牌密不可分——“苏式养护”。“苏式养护”是江苏交控围绕“管理、技术、保障”三大核心体系打造的养护品牌。“苏式养护”围绕江苏特色和行业特性，以“责任、发展、卓越、共享”为核心价值，以“高质量、长寿命、可持续、稳发展”为发展愿景，以“匠心为你”为品牌内涵，以“科学、创新、精准、务实”为养护理念，系统性地总结了江苏高速公路在养护科学管理及技术创新等方面取得的成效和经验，为提升江苏养护质量、效率和效益水平做出了卓越贡献，为江苏自“十一五”以来取得全国干线公路养护管理检查“三连冠”打下了坚实基础。

“苏式养护”品牌理念

二、经验做法

养护品牌的诞生与发展离不开先进的理念、管理和技术引领，江苏高速人以“敢想、敢做、敢担当”的勇气与魄力，提出了打造“三十年路面百年桥”的目标，不断丰富“苏式养护”品牌内涵与品牌价值，促进高速公路养护的现代化、高质量发展。

（一）智慧高效，理念创新不断引领

一是树立行业领先的路桥养护理念。基于路桥养护的规律性、趋势性和必然性，深入总结预防性养护经验。“十三五”期间形成了“保基层、稳中层、修面层，实现结构长期保存”的路面养护理念，

以及“构件可靠、部件耐久、结构安全，实现结构安全可靠”的桥梁养护理念，开创了国内路桥养护科学决策的新天地。

二是树立科技为先的智慧养护理念。坚持数据精确、决策精准、实施精细的全过程智慧管控养护理念，实现从简单数据归集到多元数据融合、单一环节应用到多个系统互联、表观指标评价到整体性能评估的转变。2021年，在全国率先引入并成功应用高速公路路面养护工程“无人集群碾压”技术，开创了全国公路路面养护工程智慧施工新局面。

无人集群碾压

三是树立敢为人先的集中养护理念。创新引入“集中养护”理念，通过科学组织大流量下同一路段内多项目、多工种同步交叉实施，达到路网通行交互影响最小、养护效益最大、公众满意度最高的目标。2019年，广锡—江阴大桥集中养护项目开启了国内集中养护模式之先河。目前，该模式已在省内外多个项目中得到应用，产生的社会经济效益超20亿元，并成为交通运输部在“十四五”重点推广的实施组织模式。

（二）精耕细作，管理体系不断丰富

一是管理机制“五方协同”。以管理现代化为目标，以管理质量和管理效率为核心，构建了江苏交控工程技术部宏观把控、养护技术公司技术支撑、路桥管理单位执行管理、专业养护单位具体实施、外部合作单位融合保障的“五方协同”管理机制。

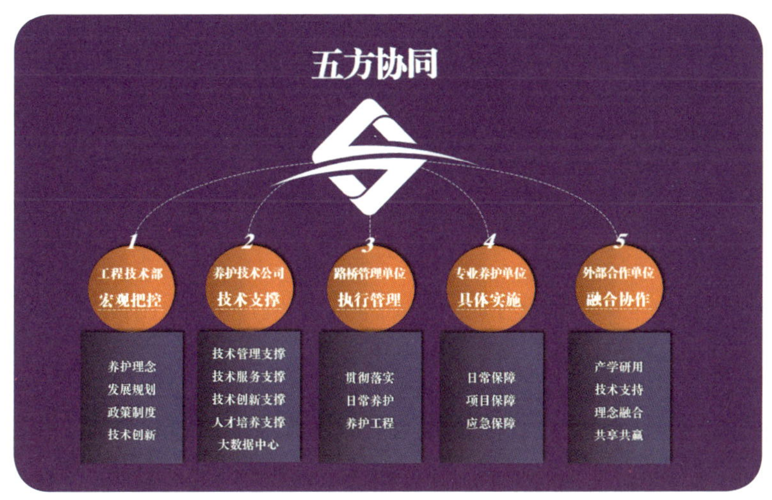

“五方协同”管理机制

二是管理理念“五维转变”。从被动到主动，实现全寿命周期效益最大化；从粗放到精细，实现全尺度数据评价多元化；从经验到科学，实现全要素养护决策精准化；从单体到系统，实现全路网养护组织协调化；从传统到现代，实现全过程质量管控最优化，通过理念转变筑牢了管理现代化的基础。

三是管理方式“五化举措”。以标准化为抓手，建立了苏式养护标准体系，编制有关行业、地方及团体标准共计70余项；以集约化为方向，促进养护资源和组织实施集成化；以专业化为支撑，打造8个省部级以上专业创新平台，针对工程实施各环节磨炼专业化实施团队；以智慧化为驱动，打造了智慧养护管理体系，完成了江苏交控养护综合管理信息平台的开发建设；以品牌化为战略，塑造“世界前列，中国样板”的品牌形象，引领高质量可持续发展。

（三）科技驱动，养护技术不断突破

一是技术环节全面创新。“苏式养护”在技术上秉持精、准、先、实，在检测、评定、决策、实施、评估五大环节全面创新，实现了江苏高速公路养护的高质量发展，形成了就地热再生、排水沥青路面、钢桥面铺装、典型桥梁养护、大跨径缆索承重桥梁养护等一系列关键成套技术，实现了不中断交通情况下70米超长吊索单点更换、大跨径悬索桥的全桥结构状态检测与评估、养护工程大规模应用排水路面技术等一连串技术创新“国内第一”。

二是技术平台全面支撑。以品质为基石、创新为内核、平台为载体，打造“产、学、研、用”一体化的省级综合养护技术合作平台，包括8个专业技术中心、2个区域合作联盟、3个高校实践基地以及1个省级研究生工作站。通过研发中心实现基础理论创新，通过工程中心实现技术创新，激发科技创新活力，切实提升科技成果产出率和转化率。

三是技术交流全面覆盖。搭建起全省养护技术交流平台，形成以“江苏高速公路养护技术论坛”“智園养护讲堂”“养护技术沙龙”为代表的区域级、系统级、公司级多方位、多梯度学术交流平台，促进了全省养护人才培养和养护技术发展。

三、成果成效

（一）路桥品质长期稳定优异

“苏式养护”先进理念的实践引领江苏高速公路品质长期走在全国前列。江苏交控在“十三五”期间，始终保持MQI（公路技术状况

指数）在96以上，PQI（路面技术状况指数）在95以上，PQI优等率达100%，路面中面层及以下维修率在1%以下，1、2类桥隧比例98%以上，无4、5类桥隧，为广大驾乘人员提供了耐久、舒适、高效、安全、绿色的行车环境和出行体验。在交通运输部养护管理检查中，取得“十一五”“十二五”“十三五”三连冠，在2021年全国干线公路养护管理评价中继续名列全国第一。

大流量集中养护

（二）技术成果创新成绩斐然

“十三五”期间开展养护技术科研攻关98项，获得厅级以上奖项54项，较“十二五”增加一倍。荣获省部级以上奖励37项，其中一等奖9项，旗下3家养护企业获批“国家高新企业”。QC（质量控制）创新硕果累累，“十三五”期间共取得优秀QC成果309项，其中国家级优秀成果12项、省部级优秀成果186项，58项成果被全省交通行业推广，可测算出的直接经济效益超过1120万元。

（三）“苏式养护”品牌唱响全国

在第十届国际缆索承重桥梁运营机构会议、2019年第三届世界交通大会及2021年第六届沥青路面建设与研讨会上，“苏式养护”精准定位、精心筹备、精彩亮相，举办了“江苏高速公路高品质养护论坛”“苏式养护主题会场”等高水平学术论坛，并受到《新华日报》、新华网、江苏省委新闻网等多家媒体的宣传报道，充分展示了江苏交控企业形象与江苏高速先进的养护管理和技术成果。

深化科技赋能　聚力创新发展
高质量打造智慧交通行业领军企业

——江苏通行宝智慧交通科技股份有限公司

一、基本情况

江苏通行宝智慧交通科技股份有限公司（以下简称“通行宝”）是江苏交控旗下专业从事智慧交通产业的国家级高新技术企业。通行宝成立于2016年11月，作为全国领先的智慧交通平台化解决方案供应商，主要从事以ETC为主要载体的智慧交通电子收费业务、以云技术为平台的智慧交通运营管理系统业务和以“ETC+”为内核的智慧交通衍生业务，拥有江苏交控数字交通研究院有限公司、南京感动科技有限公司、深圳宝溢交通科技有限公司三家控股子公司，参股上海友道智途科技有限公司，下辖覆盖江苏省13个地市的10个区域管理中心和64个自营客服网点，共有管理、市场、技术团队860余人。通行宝先后入选全国“科改示范企业”改革、江苏省国有资产监督管理委员会全面参照“双百企业”做法实施综合改革和江苏省发展和改革委员会混合所有制改革试点专项行动名单。成立五年来，通行宝累计实现营业收入31.45亿元，利润总额11.94亿元，缴纳税收4.46亿元。截至2021年底，通行宝总资产42.70亿元，净资产13.31亿元，国有资产保值增值12倍。2021年研发投入超过7%，科技人员占比达30%。目前，通行宝已通过深交所创业板上市委员会审议，成为全国ETC行业首家IPO（首次公开募股）上市过会企业。

江苏通行宝智慧交通科技股份有限公司

二、经验做法

（一）实施资本赋能，深化以上市为中心的混合所有制改革

公司围绕“实业+资本”战略，将IPO上市作为“一号工程”，优化股权结构，实施产业并购，完善公司治理，不断深化混合所有制改革。一是完成A轮及A+轮增资引战。成功引入中国银联、上汽集团、南通交通集团、腾讯云和腾讯系高灯科技五家战略投资者，引进资金3.24亿元，投后估值达到19.14亿元，较四年前成立时增长18倍。二是立足产业链布局，并购入股创新企业。收购增资感动科技公司，进一步增强智慧交通系统研发能力与核心技术实力；与金溢科技合资成立深圳宝溢交通科技有限公司，推动业务向上游产业链、向高端科技领

域、向多场景业务生态延伸；设立数字交通研究院，充分发挥5G、AI（人工智能）、数字孪生等技术引领作用，探索数字经济运营及盈利模式；与上汽集团等投资方组建上海友道智途科技有限公司，探索智能驾驶汽车业务领域，布局战略性新兴产业，延伸智慧交通产业链。三是全力推进IPO上市。2020年12月递交IPO申请，经历深圳证券交易所两轮问询及审核中心意见落实反馈，2021年6月24日通过深圳证券交易所创业板上市委员会审议，成为全国行业内首家IPO过会企业。现已向中国证卷监督管理委员会提交注册，为IPO发行上市做最后冲刺。四是健全符合上市要求的现代治理体系。选举产生“股份公司”第一届董事会、监事会，建立健全三会议事规则；引入3名独立董事，董事会实现外大于内；设立董事会4个专门委员会，充分发挥股东大会、董事会及监事会在公司治理中的核心作用，形成科学决策、高效执行与长效监督的“三位一体”治理架构体系；建立经理层授权管理制度、授权事项跟踪报告机制等授权后管理机制，保障经理层谋经营、抓落实、强管理。

（二）激发内生动力，健全灵活高效的市场化经营机制

围绕经营机制改革，全面推进要素配置市场化。一是打破“终身制”。全面推行经营层任期制与契约化管理，确定聘期、岗位职责、经营管理指标和奖惩措施，公司及子公司经理层成员任期制和契约化管理率实现100%。二是打破“铁饭碗”。构建“6+3+4+N”集团化运作组织架构，对中前台部门负责人实行市场化选聘，参照“职业经理人”模式管理，公司及子公司员工市场化选聘率实现100%。三是打破“硬板凳”。开展内部双向选择竞争上岗，推动双向轮动交流，增强员工危机感，畅通内部交流机制，加强多岗位锻炼和复合型人才培养。四是打破“隔离栅”。破除原按照地域划分的模式，设立ETC

发行、客服运营、系统运维、市场营销四大团队，打造专业化人才团队。五是打破“大锅饭”。建立全员绩效与差异化薪酬分配机制，重点向中前台技术岗位和直接创造利润的岗位倾斜，探索超额利润分享、项目跟投机制等激励创新机制，全面提升前中后台服务效率和超挑战能力，公司及子公司全员绩效考核覆盖率实现100%。六是打破“低效率”。对重点工作实施项目管理，通过立项、流程管理、成果评估、成果转化等全生命周期管理，改善组织效率、促进价值链协同、加速创新成果转化。

（三）引领科技创新，打造自主可控的核心技术平台

围绕建设“交通强国”战略，打造“以我为主、自主可控”的技术研发和管理体系。一是构建开放协同体系，整合研发创新资源。构建由“通行宝+研究院+感动科技+N个社会产学研机构”组成的“1+1+1+N”智慧生态联盟，与南京大学合作共建“软件实验室”，与南京邮电大学共建“研究生工作站”，与海康威视、中兴通讯等成为战略合作伙伴，推动交通行业在新技术、新模式、新应用方面的新发展。二是加大研发投入，加快创新步伐。近三年科技研发投入超过9%，推出一批“引领行业方向、推动交通变革、颠覆传统模式”的科技创新成果，实现核心技术“以我为主、自主可控”，改变长期以来科技研发依赖引进、依靠外协的历史。三是打造科技创新平台，增强创新研发实力。与腾讯、华为、青云、中国电信、商汤科技、中交海德等头部科技企业共建联合实验室，聚焦高速公路数字化转型不同环节中的重点、痛点和难点问题，以个性定制、柔性制造的模式，加速高速公路运营管理全流程数字化改造；建设“大运营平台”和“大服务平台”体系，推动“订单式”被动研发向“产品化”主动设计转变，以科技力量提升运营管理效益和客户服务水平。四是健全技术人

才培养机制。建立“导师带徒”机制，分类分层分岗开展导学，提升整体专业化水平；打造“智行大讲堂”培训品牌，以讲促学，不断提升团队知识水平和业务能力；借力省内高校、优秀合作方等外部师资，发挥乘数效应联合培养人才。

三、成果成效

（一）企业经营质效领军行业

经过多年转型发展，已将传统单一功能的ETC业务发展成为多元化功能、多场景应用的ETC综合生态体系，为高速公路、干线公路、城市交通提供智慧交通平台化解决方案。一是创新业务模式。与知名汽车主机厂达成前装业务合作，开辟ETC发行前装市场，已发展ETC用户突破2000万，用户总量位居全国第三。二是推进ETC生态体系建设。形成ETC与停车、加油、充电、商贸等涉车场景融合应用，为广大车主打造一卡多用的“智慧车生活”场景。江苏被列为全国唯一ETC智慧停车试点“省级示范区”，成为全国ETC停车应用的示范省份。三是企业营业收入和利润水平连年跨越式增长，国有资产增值12倍，成为行业领军企业。

（二）改革上市打造行业第一

一是企业上市打造行业第一。利用近三年时间，圆满完成各项上市进程，在党的百年华诞之际顺利通过深圳证券交易所创业板上市委员会审核，成为“成立时间最短、上市节奏最快、混改层次最高、全国行业首家”准上市企业，刷新全国上市企业上市进度记录，成为同行业企业资本市场发展的标杆。二是改革取得阶段性成效。在国务院国企改革办“科改示范企业”专项评估中被评为“优秀”企业，“科改示范行动”改革实践成果入选国务院国有资产监督管理委员会优秀案例，《新华日报》就此进行专题刊文报道，通行宝“市场化转型+科技赋能”改革创新成果入选江苏省国有资产监督管理委员会“国企改革‘尖子生’的启示”优秀案例。

新华日报 | 16

经济周刊

工行手机银行6.0

解决国有科技型企业活力问题，是国企改革的首问必答题——

“科改示范行动”，如何探路

从玩具到“玩法”，从商品到“藏品”，

从“亚文化”到“主流文化”——

潮玩“破圈”，想象力创造“消费力”

《新华日报》专题刊文报道

（三）科技创新成果亮点纷呈

通行宝被认定为国家“高新技术企业”、南京市“交通运营管理工程技术研究中心”；完成ISO9001、ISO20000质量管理认证；通行宝核心科技产品“调度云”获得“中国高速公路信息化奖”，入选全国国有企业数字化转型优秀案例；“SD-WAN全覆盖组网”入选“云计算标准和开源推进会”优秀案例，列入“智慧江苏十大标志性工程”；“基于云服务大数据人工智能的ETC生态运营平台”项目被列入“江苏省战略新兴重点项目”，荣获中国交通投融资年度创新二等奖。2021年公司获得各项发明专利、软件著作权等知识产权97项，累计获得192项，再次蝉联南京市“培育独角兽”企业，多项科技创新成果在行业内处于领先水平。

走科技兴企之路
当国企改革尖兵

——江苏现代路桥有限责任公司

一、基本情况

江苏现代路桥有限责任公司（以下简称“现代路桥”）是江苏交控旗下的专业化养护工程企业，由1997年成立的全国首支高速公路专业化、机械化养护队伍发展而来，主要负责苏南高速路网6座跨江大桥、28条高速公路的养护业务，养护里程1642公里，设计、检测和房建等业务覆盖全省路网。

江苏现代路桥有限责任公司

产业布局不优、经营业绩不强、企业活力不足，这些都曾经是制约现代路桥高质量发展的关卡和瓶颈。不破不立，为让企业焕发生机，现代路桥确立了“市场化改革+科技化转型”的发展道路，从改革找出路、向市场要效益、用科技谋发展。经过几年的改革转型，现代路桥已经发展成为国家高新技术企业和江苏省“小科改”试点企业。

二、经验做法

（一）以发展为第一要务，把改革的焦点放在做优产业链

现代路桥围绕“基础保障+产业经营”的发展战略，聚焦打造高速养护领域全产业链这一目标，加快产业布局、完善产业结构、做优产业链条，不断提升企业核心竞争力。一是经营体系迈向新高度。取得公路行业专业乙级设计资质，成立江苏省属唯一国有交通规划设计院，填补了产业链空白。初步构建了“378”的经营体系，即设计研发、材料供应、工程施工3大主业，规划设计、试验检测、路面大中修、桥梁维修加固、日常养护、建筑景观、物资销售7个板块，“检测—设计—科研—咨询—监理—施工—评估—材料”8节链条。二是集中养护迈出新步伐。自2019年广锡—江阴大桥集中养护项目成功开创国内大流量集中养护先河以来，现代路桥近三年共组织实施集中养护项目10个，单车道总里程累计794公里，实现跨江大桥、超大流量、跨省协作三类不同特点、不同难度、不同要求的集中养护工程一体化、科学化，并形成了可推广、可复制、可传承的蓝本，成为现代路桥核心竞争力之一。三是竞争实力迈上新台阶。围绕设计施工总包领域的卓越供应商、交通工程材料领域的卓越制造商、综合养护保障领域的卓越服务商的“三商”定位，现代路桥全方位谋篇布局、全过程提升

竞争实力。截至2021年底，现代路桥共拥有12项专业资质，获得9项省部级科学技术奖，取得66项国家专利、28项软件著作权、1个注册商标，获评6个省级工法。

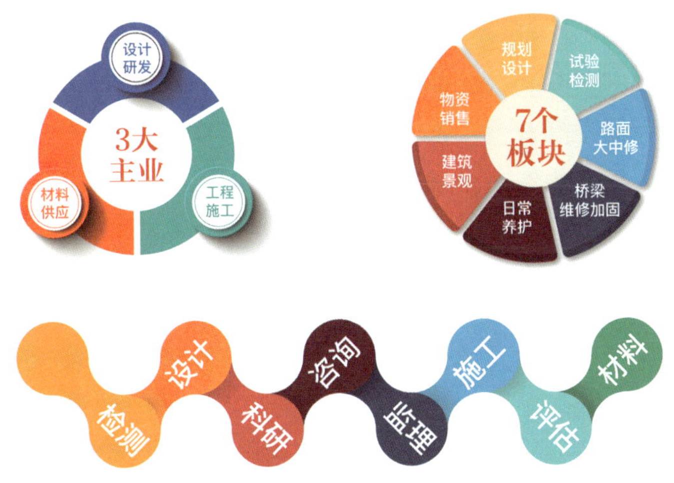

现代路桥“378”经营体系

（二）以人才为第一资源，把改革的重点放在做优人才链

现代路桥贯彻人才强企的战略，树牢“以人为本”的理念，用人才链的“强”，激发创新链的“活”，托举产业链的“优”，培育人才成长的沃土。一是广泛“引才”，让人才实力更强。近三年成功引进6名博士，组建了包含2名“科技副总”、68名研究生的管理和研发团队，在所属交通规划设计院引进1名职业经理人。截至2021年底，35周岁以下人员占比54%，本科及以上学历人员占比62%，中高级职称126人，副高以上职称45人。二是精心“育才”，让技能提升更快。打造“1164”人才发展全周期培养新体系，推行导师带徒“青蓝工程”，现代路桥被江苏省工会列为全省产业工人队伍建设改革试点单位。三是大胆“用才”，让发展通道更畅。近三年，按照“人岗相适”的原则，累计调整干部67人次，交流轮岗38人次，让25名优秀人才走上管

理岗位。当前，公司主管层级平均年龄40岁，中层人员平均年龄45岁，公司经营管理活力进一步增强。

（三）以治理为第一抓手，把改革的支点放在做优要素链

现代路桥结合国有企业的特点和养护行业的特质，突破固化的管理机制和思维模式，全方位推进市场化改革，充分释放干部职工创业激情，有力促进经营生产的质效提升。一是实施组织架构变革，全面释放员工潜能。聚焦“矩阵式”管理，按照前台10个二级单位、中台5个共享中心、后台8个职能部门的模式，全面调整公司组织架构，整体去行政化，推动员工建立市场思维，主动抓经营、搞生产，实现了区域经营、条块管理、项目制考核、事业部运营。二是实施采购模式变革，全面推动降本增效。结合养护行业项目多、分散广、时间紧等特点，成立采购中心，兼顾效率与效益、公平与公正，实行需求、采购、监管三分离，大力推行框架采购、集中采购。近三年累计节约采购成本4.34亿元，集中采购模式下公司经营成本大幅压降，经营利润稳步提升。三是实施绩效体系变革，全面对接市场需求。全面实施公司及子企业经理层任期制与契约化管理，签订“两书一协议”24份，实行超额利润分享和虚拟股权机制，激发员工干事创业活力。在所属各二级单位建立基于营业收入、利润总额、人均利润等指标的工资总额联动指标体系，试点基于系统外项目独立核算的薪酬激励机制，实施员工绩效强制分布，打破“大锅饭”的模式。

（四）以创新为第一动力，把改革的热点放在做优创新链

现代路桥全力顺应数字化发展的潮流，加强科技研发顶层设计，大力推进智慧赋能、科技转型，成为南京市“专精特新”入库企业，2021年科技研发投入达到营业收入的6.24%。一是聚焦数字转型，推动管理信息化。自主开发“企管在现”信息化平台，搭建了财务、资

管、项目、风控等17个子模块，初步建立了“单项目核算”体系，推动养护项目人员、流程、工序精准核算、精准管控。启动高速公路智慧工地管理平台建设，人员、设备、安全、财务四个模块上线运行。二是聚力智慧赋能，推动养护科技化。引进了“无人碾压”技术，施工精度提高6%，合格率达100%。自主开发了基于视频位移检测仪的便携式桥梁监测和分析技术，填补了现代路桥在跨江大桥桥梁健康监测技术方面的空白。实施全国首个RBPC（树脂黏结型超高性能混凝土技术）铺装重置工程，开创3项全国第一。在江苏省内率先应用双层环氧SMA（沥青玛瑅脂碎石混合料）钢桥面铺装技术，实施的项目荣获中关村中科公路养护产业技术创新联盟养护工程奖。三是聚合创新矩阵，推动创新平台化。按照甲级标准，建成了8078平方米的综合试验检测楼，成立江苏省高速公路绿色养护工程技术研究中心、沥青路面固废精细化利用工程研究中心、南京市高速公路养护工程技术研究中心、路桥检测自动化工程技术研究中心，建立省、市级博士后创新实践基地、研究生培养基地，设立4个省级研究生工作站，形成了“4中心、3基地、4站点”的格局，推动打造高端价值链。

RBPC 钢桥面铺装重置工程

三、成果成效

（一）科技转型更快，经营业绩更好

经过市场化改革和科技化转型，现代路桥经营业绩不断提升，近三年营业收入增长了89%，利润总额增长了67.1%，2021年净资产收益率达到国务院国有资产监督管理委员会公布的土木工程建筑业优秀值（13.9%）的2.7倍。截至2021年底，现代路桥资产总额17.2亿元，净资产7.01亿元，三年间国有资产保值增值率为400%。

（二）现代治理更新，管理模式更优

现代路桥结合地域特点、企业特质，遵循打造规模型、平台型、科技型、改革型、责任型国企的发展路径，推动党的治理与公司管理有机融合，建立完善了现代企业制度，公司治理体系进一步优化，治理能力进一步提高。

（三）技能培养更专，人才效能更高

“人才强企”战略效果逐步显现，近三年现代路桥人均产值增长了94.6%，人均利润增长了51.2%，分别较“十三五”平均水平增长了1.55倍、1.54倍。现代路桥在江苏省养护技能大赛中夺得冠军，2名选手荣获“江苏省五一劳动奖章”。

（四）科研成果更多，创新活力更强

全方位推进“科技研发三年行动”计划，路用材料、智能检测、智能设计和智能施工技术攻关取得阶段性成果，沥青路面高性能冷补料、热熔型标线研发进入中试阶段，压路机不粘轮隔离剂在江苏省交通工程建设局项目上成功试用，现代路桥创新创业活力进一步增强。

推进高速公路“集中养护”新模式
创树精品工程

——江苏宁杭高速公路有限公司

一、基本情况

江苏宁杭高速公路有限公司（以下简称“宁杭公司”）成立于2002年1月，现运营管理宁杭、溧马、溧芜、溧高四段高速公路，主线总里程247公里，有在编员工1032人。自成立以来，宁杭公司以“路美、心畅、企安、人和”为发展愿景，着力打造“大美宁杭”特色品牌文化，倾力建设“全球高速的最美风景”，先后荣获“第三届最美中国

江苏宁杭高速公路有限公司

高速公路”“全国交通运输服务文化建设优秀单位”“全国信用交通建设示范单位”等荣誉称号。

宁杭公司运营管理的溧马高速公路于2013年12月31日建成通车，建设标准为双向六车道，主线里程36.6公里。随着道路通车量的急剧增加，局部路段出现了坑槽、拥包、唧浆、松散等早期病害，近两年更趋严重，提升高速公路承载力、开展大规模集中养护工程迫在眉睫。为贯彻落实国家“建设高质量交通基础设施”要求，竭诚打造“三十年路面百年桥梁”品质工程样板，2021年9月9日，宁杭公司正式启动溧马高速公路集中养护工程。作为2021年江苏省内最大的集中养护工程以及宁杭公司组织实施的第一个集中养护工程，该项目总投资额达2.6亿元；宁杭公司创新性地采取“单向封闭溧马方向、分流全部车辆”的施工方式，仅历时21天就完成了溧马高速公路（溧马方向）集中养护的全部工程量，创造了新纪录，并形成了可总结、可复制、可借鉴的养护经验，成功打造了精品工程样板。

二、经验做法

（一）加强顶层设计和系统规划

一是“绣花式”精准设计方案。宁杭公司联合设计单位，针对不同病害类型及路况特点，综合路面状况、结构特点、养护历史、材料性能等关键要素，结合三维阵列雷达检测技术，对项目关键技术问题进行可行性分析，提出了具有针对性、创新性、操作性的路面养护对策，以“分段落、分车道、分病害、精细化”为原则，实施了铣刨重铺、非开挖注浆、加铺罩面等多形式“叠加”的养护方案。

二是“聚合式”集中资源准备。溧马高速公路集中养护位于南京市江宁区，项目实施时段恰逢新冠疫情，宁杭公司积极主动作为，一边克服施工难度大的压力，想方设法处理基层松散、层间黏结不良、路面水损害等深层次病害和问题；一边克服新冠疫情影响，加大协调力度，解决配套拌和楼配置不足、机具难以满足施工需求的难题。通过提前统筹，协调了宜兴、镇江等地6座拌和楼，调集了80台大型机械和250部运输车辆，做好了充足准备。

三是“会战式”全面统筹施工。作为江苏交控路网级养护总体规划的组成部分，溧马高速公路集中养护工作施工内容涵盖基层、面层、护栏、排水、标线、路缘石等分项工程。整幅双层罩面25公里，全程投入1300多名施工人员、机械设备477台套，每日施工时长15小时以上。经过连续奋战，最终在2021年国庆前夕打通了溧水至马鞍山方向的纵贯线。

（二）坚持主动作为和精准施策

一是由“被动防御”到“主动出击”。以往的养护工作经常被形容成“遭遇战”，处于被动养护的局面。近年来，在预防性养护理念的引领下，宁杭公司不断强化“检测、评定、决策、实施、评估”五大环节，建立了基于大数据分析的“规律研究和趋势分析方法体系”，评估更精确，预测更精准，做到全寿命周期科学养护，让路桥企业掌握养护主动权，把养护“遭遇战”打成“主动战”“歼灭战”。

二是由“高速分流”到“远近兼顾”。溧马高速公路长期承担着繁重的大件运输任务，而周边高速公路网不具备近端高速公路分流条件。统筹该客观因素，宁杭公司对溧马高速公路周边各地国省道路进行拟合分析，最终制定了“远近兼顾、多路共担”的分流方案。提前在全路网通过可变信息标志进行大范围的宣传预告，通过高德地图、百度地图等主流导航软件，实时更新路段施工情况，提供合理的路线规划；近端发放路线绕行提示卡片，并配以标志标牌引导，通过交通广播平台，高频次滚动播放溧马高速公路施工信息。

三是由“单兵作战”到“协同作战”。宁杭公司在贯彻落实江苏交控“五方协同”工作机制的基础上，将高速交警、交通执法、地方政府、科研机构及施工单位等一并纳入“九位一体”保障体系中，成立了项目联合指挥部，多次召开协调会，因地制宜、对症下药，确认方案；各参建单位“联合作战”，汇聚合力。

四是由“经验管理”到“科学管理”。宁杭公司通过“3+1”机制的建立，实现了科学管理“四个零”。“3”即三组团队，分别是：驻场设计团队实时进行动态调整，从设计开始源头控制，确保“零缺陷”；三支检测团队与各施工分部一对一协作，从原材料到试件确保检测“零遗漏”；四方联合质监团队，全程质监“零盲区”。“1”即一套智能数据采集系统，实现施工过程数据的实时分析与反馈，确保设备异常“零搁置”。通过开展大数据的规律研究和趋势分析，实现了科学管理。

（三）持续创新攻坚和科技引领

一是精密检测，直击“病根”。为解决溧马高速公路隐性病害检测评估方面的技术问题，宁杭公司在二维雷达检测经验的基础上，首次采用了三维探地雷达检测技术，对沥青路面结构内部隐性病害进行从“线”到“面”、从“定性”到“定量”的精准识别，为裂缝及隐性病害养护方案及决策提供依据，进一步提高养护决策水平，保持、夯实路面长期性能。

二是微创治疗，对症“下药”。充分考量溧马高速公路沥青路面的病害特点，宁杭公司摒弃了常规的非开挖注浆工艺，联合江苏现代路桥有限责任公司，通过“试验段实施→工艺优化→效果验证→固化工艺”四步，形成了适用于溧马高速面积型注浆的定制化工艺。该工艺的成功实施，减少施工工期45天，降低施工成本1100万元，实现了隐性病害快速、高效、绿色、环保处治，路面性能大幅提升，彻底解决脱空、松散、积水等病害。

施工现场图

三是科技理疗，增强“体质”。道路车辙病害一直是困扰高速公路养护的一大难题。此次针对溧马高速公路出现的车辙病害，创新性地引进了“I-Pave灌入式高性能抗车辙路面技术”。该技术是在柔性大空隙沥青混合料中灌入刚性高性能树脂类灌浆材料，形成“刚柔并济”的新型路面结构，具有“抗车辙性能超强、灌注效率高、强度形成快、成型后路面美观耐久”四大突出优势。采用I-Pave灌入式技术铺筑的路面动稳定度指标可达60000次/毫米，有望解决困扰多年的高速公路车辙病害问题。

三、成果成效

在溧马高速公路集中养护工程中，宁杭公司遵循“交互影响最小、养护效益最大、公众满意度最高”原则，最大限度缩短了工期，将对路网及社会的不利影响降至最低，为江苏省内乃至全国的集中养护提供了一个示范性的“跨省协作”模板，打造了“苏式养护”精品工程。

（一）打造品质样板，服务能力“提升+”

溧马高速公路溧马方向路面技术状况指数PQI得到大幅提升。应用I-Pave灌入式高性能抗车辙路面技术，路面的沥青动稳定性是普通路面的12倍。溧马方向防撞护栏经提质升级后已高标准满足现行规范的要求。原“道路排水”等老大难问题得到极大改善，道路行车舒适性与安全性也实现“质的飞跃”。

（二）拧紧安全阀门，交通组织“有序+”

集中养护期间，仅在开工当日出现过短暂拥堵情况，随后交通秩序就恢复到正常水平，溧马高速公路周边分流路段事故率大幅下降，封闭施工区域内未发生安全生产责任事故。宁杭公司交通组织管理工作得到上级主管部门及交警、交通执法单位的一致好评，集中养护模式已经被广泛认可。

（三）经济效益明显，集约优势“效能+”

通过21天的集中养护完成了常规化养护半年的工作量，仅通行费收入一项，即可减少损失2160万元。此外，采用的“3D探地雷达辅助面积型非开挖注浆”工艺可节约施工成本近1100万元。

共创共享共赢
打造路桥管养技术创新体系

——江苏润扬大桥发展有限责任公司

一、基本情况

江苏润扬大桥发展有限责任公司（以下简称“润扬大桥公司”）于1999年11月22日注册成立，负责润扬长江公路大桥的运营、维护和管理。润扬大桥公司围绕技术体系和人才体系两大短板，聚焦科技创新与人才培养双引擎，以“精智、协研、创新、致用”为主题，积极探索“共创、共享、共赢”的科技创新管理新模式。润扬大桥公司以“技术革命”促进科技转型，以管理创新驱动智能建设，以科技创新推动智慧高速落地，构建产学研用结合的技术创新协同平台，形成了

润扬长江公路大桥

“产业思维、双轮驱动、开放共赢、传承创新”的运行机制，打造了路桥管养技术创新体系。近年来，润扬大桥公司在该模式驱动下，不断提升高品质管养、智能交通、安全营运等方面的技术水平，有力促进企业增收节支、降本增效，真正实现了科技创新驱动企业高质量发展。

二、经验做法

润扬大桥公司“共创、共享、共赢”科技创新管理模式是以问题导向和项目实际需求为出发点，通过聚合高水平创新团队、构建高标准创新平台和建立高效率创新机制的方式，有效激发公司内部技术团队、外部专家学者和产业链相关企业紧密合作，共同参与创新，共享科技合作成果，实现互利共赢。该模式的推广价值在于科研力量由多方共同组成，可以充分跨界融合利用各方技术力量；科研投入由多方共同承担，可以大大减少本公司科研投入；研究成果由多方共同享有，本公司既可以解决运营实际问题，又可以享受其带来的商业价值。

（一）聚合高水平创新团队

创新驱动实质上是人才驱动。润扬大桥公司充分发挥“共创、共享、共赢”理念的引领作用，不断加大以企业自研为主体、开放协作为导向、产学研用紧密结合的创新研发团队创建力度，有效发挥顶尖人才智力优势，为高质量发展注入“强心剂”。

一是凝聚“以我为主”的内部科研创新力量。对内不唯学历、职称、资历、身份，把品德、知识、能力和业绩作为衡量指标，不拘一格选人才，认真梳理，充分挖潜，从公司各层级、各岗位、各主营业务领域精心挑选73名技术骨干组成内部科研创新力量。

二是汇聚开放合作的外部专家学者团队。对外突出区域和行业特色，汇聚了来自同济大学、东南大学、河海大学等多所重点高校，中交公路规划设计院、公路长大桥建设国家工程研究中心等多个科研机构，工程管理、土木工程、物联网、智慧交通、新材料等多个科技领域的十多位专家学者组成外部专家咨询委员会。

三是集聚共创共赢的科技创新研发方向。内外团队统一目标，突出创新引领，着力推动科技创新和经营业务相契合、技术创新与管理创新相融合、创新成果与转化应用相结合，强化创新成果的集成、推广和应用，在“共创、共享、共赢”中，助力公司高质量发展。

（二）构建高标准创新平台

润扬大桥公司围绕创建高新技术企业的目标，成立科技创新研发中心，形成多专业融合的“1+N”创新平台。

一是以“1”个中心架设科技创新的神经元网络。科技创新研发中心统筹管理大跨度桥梁建设关键技术、高速公路（桥梁）高品质管养技术、高速公路（桥梁）智能交通、安全运营管理、经营管理创新、投融资创新六大领域的科技、管理和服务创新，并对涉及的人、物、资金和项目进行跨部门、跨单位、跨领域响应、调配，为科技创新提供统一的运转基础。

二是以“N”个实践场所作为科技创新反射弧。在科技创新研发中心的统一指导下，将各创新创效工作室作为具体实施单位，响应并解决科技创新中的各类问题。如“润源工作室”专注于“智慧+机电”，围绕新兴技术和信息化手段持续攻关机电设备维护管理水平的提升，致力于大型桥梁机电系统的节能减排、降本增效和创新发展等，持续推动节能增效。“匠心工作室”专注于“智慧+营运”，将科研创新、技术攻关与安全生产、解决设备运行隐患、改进维护工具和运维流程三大系统维护焦点、难点问题相结合，致力于大型桥梁运营安全、生产调度、信息化建设等，持续保障运营安全。“茅以升工作室”专注于“智慧+养护”，通过改进养护模式、改造设施设备、创新施工技术，促进养护管理精细化、智能化，致力于桥梁信息化检测和科学化养护等，持续强化科学管养。

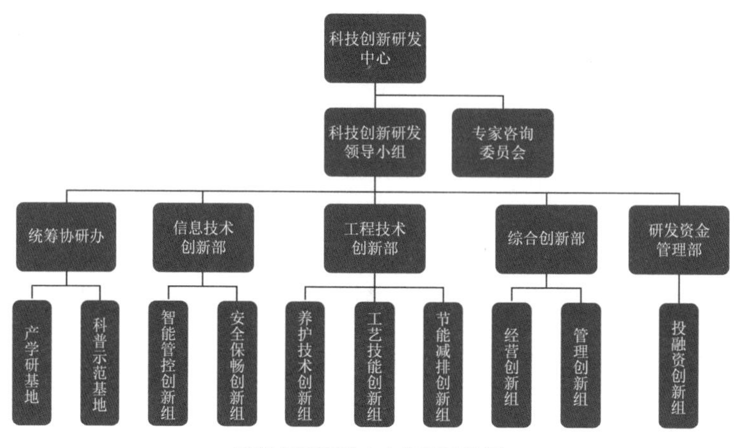

科技创新研发中心组织架构图

（三）建立高效率创新机制

润扬大桥公司始终坚持贯彻“发展是第一要务，人才是第一资源，创新是第一动力”方针，在科研创新促进企业高质量运营发展过程中，逐渐建立和完善了科技创新参与机制、产学研用协作机制和特色文化引导机制。

一是在科技创新参与机制方面，加大自主研发力度。以“深挖短板、补齐弱项”为思路，润扬大桥公司先后印发《员工教育培训管理办法》《科技人才培养与引进制度》《科研成果转化及激励奖励制度》等多项制度，进一步激发企业员工创新热情，鼓励员工主动参与，多动手动脑，结合工作中的痛点、难点、堵点问题开展头脑风暴，晒出金点子，进行技术攻关和管理创新，为公司发展注入更多的科技创新含量。

二是在产学研用协作机制方面，挖掘科研合作深度。以“资源共享、优势互补、共同进步”为原则，润扬大桥公司加强与高校、高新技术企业、科研院所及生产企业深度合作，围绕行业发展和需求开展定向研发和科研创新，不断拓展合作领域，搭建独具特色的校企合作和产学研用科技创新平台，推动融合发展，汇聚创新资源、凝聚创新力量、集聚创新优势，为企业高质量发展提供技术支撑。同时，以问题和需求为导向，立足岗位，放眼全局，积极引进成熟技术，根据行业应用量身改造、创新，快速形成成果落地，并借力发力，将创新成果应用到各项业务场景中，为实现企业跨越式发展提供强大动力。

三是在特色文化引导机制方面，培育创新文化认同度。以“经营好公路，服务好社会”为宗旨，润扬大桥公司充分发挥“桥头堡”党建文化、“润扬精神”企业文化、“奋斗者”职工文化“三位一体”的文化矩阵引领作用，形成体现企业创新特色、员工普遍认同的价值观念和行为准则，并将其贯穿于经营管理各个层面，凝聚、激励与鞭策员工主动参与创新，推动“构建行业标杆体系，打造创新润扬品牌”的企业愿景深入人心。

三、成果成效

在“共创、共享、共赢”科技创新管理模式驱动下，润扬大桥公司在大跨度桥梁检监测关键技术、高品质管养技术、智能交通、安全运营管理、经营管理等领域开展创新活动，实现新理念、新技术和新产品的不断突破，硕果累累。

（一）高速公路（桥梁）高品质管养技术水平持续提升

“长大跨桥梁结构状态评估关键技术与应用”项目成功解决了大型桥梁远程实时监测和状态评估难题，获得国家科学技术进步奖二等奖和江苏省科学技术奖一等奖。研发了国内首个钢箱梁疲劳裂纹巡检机器人，首次应用TOFD（超声波衍射时差法）检测钢桥面板疲劳问题，首次将三维激光扫描技术运用到跨江大桥检测，实现了检测数据高效率、高精准和可视化、数字化、系统化，研发成果获得两项国家实用新型专利及两项计算机软件著作权。首次开展了跨江大桥主桥水下墩冲刷实时监测及冲刷状况和演变规律分析研究，研究RBPC（树脂黏结型超高性能混凝土）技术，首创在役大跨度钢桥面全跨无铆钉RBPC铺装方案，首创跨江大桥双向通行条件下半幅全跨钢桥面混凝土铺装连续浇筑一次成形，首创在役高墩高架桥设置永久性中分带开口段，首次采用专业设计标准设置集中养护道路交通临时管制设施，道路管养水平持续提升。经15年综合检测评估，大桥状态与建成时基本一致、结构安全可靠。此外，还探索利用超高压细水雾对缆索进行防火控温保护，研发大桥泄水孔堵漏设施，解决跨江大桥危化品泄漏污染水源问题等，不断推进“苏式养护”创新升级。

钢箱梁疲劳裂纹巡检机器人说明

（二）安全运营智能化管控管理水平持续提升

研发了可视化智能服务系统，通过对ETC数据和视频数据的分析，利用基于深度学习算法的交通流参数识别模型获取实时交通流参数，实现全路段交通智能化管控，提升突发事件的监测能力、大交通流量的主动管控能力和交通事故的快速响应能力。开展自由流收费智能运维管理建设，在世业洲收费站率先推进“5G无栏杆新自由流”建设，完善出口漏收、入口全网追缴的收费闭环模式，提升驾乘高速畅通感体验，真正实现“快速畅行”。

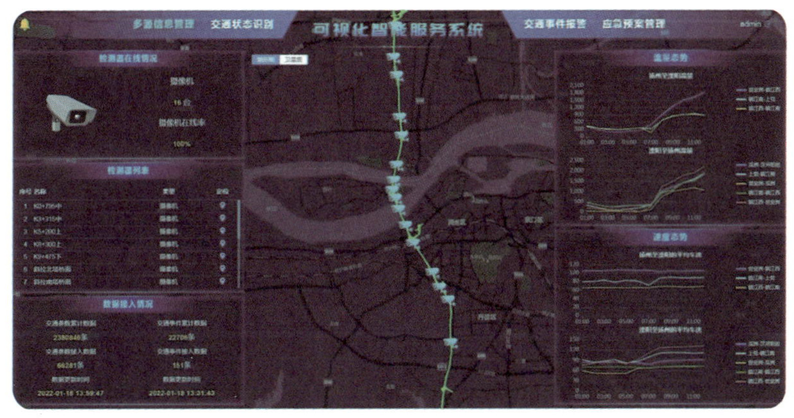

可视化智能服务系统

（三）公司经营管理智慧化操作水平持续提升

通过推进大数据分析和应用创新，搭建了桥梁业务综合数据管理平台，进一步整合了营运、工程、财务等各方面数据，实现了跨部门的数据共享、管理协同和全面智慧化一站式监控管理，为提升工作效能提供智能化决策支持。

科技赋能　引领超大跨径桥梁运营维护高质量发展

——江苏泰州大桥有限公司

一、基本情况

江苏泰州大桥有限公司（以下简称“泰州大桥公司”）成立于2008年9月19日，注册资本32.76亿元，主要负责泰州大桥及沿线阜溧高速公路和江宜高速公路路段的收费、养护等业务。泰州大桥公司实行两级管理，现有员工近500人。

泰州大桥

泰州大桥为世界首座千米级多塔连跨悬索桥，主桥采用2×1080米三塔两跨结构形式，其千米级的三塔两跨桥型、水中沉井基础深度、纵向人字形钢塔高度、W形主缆架设长度、两跨悬索桥钢箱梁同步对称吊装创造了五项世界第一。大桥建设项目先后荣获英国结构工程师学会“卓越结构工程大奖”、国际桥梁及结构工程协会杰出结构委员会“杰出结构工程奖”、国际咨询工程师联合会“菲迪克工程项目优秀奖”三项国际大奖。泰州大桥的通车运营不仅缓解了常州、泰州两地群众过江难的问题，更对拉动区域经济、整合社会资源、促进地方经济发展发挥了极其重要的作用。桥梁建设重要，桥梁的管养更为重要。科学做好泰州大桥的运行维护，有助于确保大桥的结构安全稳定，有助于实现江苏交控“百年桥梁”的养护目标，有助于推动江苏跨江融合战略的深度实施。

二、经验做法

泰州大桥作为世界上首座跨径超千米的多塔连跨悬索桥，其运营维护无成熟的案例可供借鉴。为破解超长超柔结构体系养护难题，自通车之日起，泰州大桥公司围绕跨江大桥结构安全、管养科学、道路通畅，开展了10多项科研攻关，形成一系列科研成果，为大桥的运营维护提供了科技支撑。

（一）超前谋划，为桥梁科技创新定向

一是开展前瞻调查研究。为吸收借鉴国内外跨江大桥养护管理先进经验，提升自身养护管理技术水平，泰州大桥公司自成立之初就树立“致力于建设一流的路桥管理企业”的目标，公司团队先后走访日本明石海峡大桥、香港青马大桥、江阴长江大桥、润扬长江大桥等多

座国内外知名桥梁，对大跨径桥梁的养护工作进行实地考察，开展前瞻性调研。同时，通过学习研究桥梁养护管理技术资料、参加国内外桥梁养护技术前沿论坛等方式，了解养护技术发展趋势，掌握跨江大桥养护管理的关键点，为泰州大桥的运营维护打下坚实基础。

二是科学制定科研规划。泰州大桥公司在前期充分调研的基础上，立足泰州大桥运营维护的实际情况，经专家论证、征求意见和反复修改后，及早制定形成了《泰州大桥科学技术研究规划》，将泰州大桥2013—2022年科学技术研究工作分成三个阶段，从结构安全、养护技术、养护标准、营运安全四个方向，详细规划了19个研究项目，并对项目成果、专著出版、发明专利、论文发表、人才培养等提出了相应的量化目标，明确了具体的时间节点，为泰州大桥运营维护期间的科技创新工作指明了方向，明确了路径。

三是精心打造技术梯队。泰州大桥公司高度重视大桥养护技术团队建设，多年来始终坚持“外引”与“内培”相结合，广泛吸纳、精心选拔优秀专业人员充实到泰州大桥养护团队中，持续壮大高层次科技人才队伍，有针对性地培养技术梯队，为后续大桥管养提供持续的人才支撑。通过项目锻炼，养护团队先后培养研究员级高级工程师3名、高级工程师4名、工程师11名、助理工程师12名，形成了一支充满活力的专业化队伍。

（二）稳步推进，为桥梁安全运营护航

一是精准施策破解管养难点。面对养护管理难题和运营维护关键风险源点，为更加精准地解决难题，泰州大桥公司按照十年科研规划总体布局，对养护构件和养护业务需求进行系统梳理，进而将项目细化分解为“泰州大桥桥塔区桥面风障研究”“刚柔复合型钢桥面铺装性能衰变规律及预防性养护技术研究”等多个运营安全类和养护技术类课题。系列课题的开展，有效消除了桥面抗风和钢塔防火等风险源点，同时围绕泰州大桥构建了成套的悬索桥预防性养护技术体系。

二是多方会诊把脉问题症结。针对课题研究和实际管养中不断出现的新情况，泰州大桥公司通过邀请业内资深专家深入论证、专业技术人员到场指导、内部管养团队实地检测等方式，力求从专业角度深度分析问题及成因，尽快得出解决问题的方案或建议。在此过程中，公司通过不断探索与实践，同步编制《泰州大桥养护手册》，为泰州大桥养护量身定制了定性化、定量化的计划方案和工作要求。

三是群策群力落实保障机制。为保证科研项目及时落地，泰州大桥公司多年来不断健全资金、技术等保障机制。加强科研计划报送，争取专项资金支持，十年来累计投入资金超1000万元；加强校企联动，与同济大学、东南大学等知名院校开展科研合作近20次，持续推动成果输出与落地；密切与泰州大桥设计、建设施工专家学者的联系，为泰州大桥养护技术科研提供强大稳定的技术支持。

（三）转化应用，为桥梁科学管养增效

一是出台系统技术指南。根据泰州大桥主桥钢箱梁、钢桥面铺装、索夹螺杆等预防性养护技术科研成果，制定了《钢箱梁重点部位疲劳裂缝维护技术指南》《悬索桥索夹螺杆预防性养护策略》等相关技术指南4本。经检验，相关指南对指导开展大桥构件的预防性养护施工具有较高价值，如编制形成的《钢箱梁重点部位疲劳裂缝维护技术指南》，包含了钢箱梁疲劳重点部位预测、预防时机判定、预防措施等成套预防维护技术，可科学指导泰州大桥钢箱梁重点疲劳裂缝的预防性维护工作。

二是推进实桥试点应用。为进一步推动科研项目研发的工艺成果落地，在泰州大桥主桥建立试点并加大实桥应用。如根据钢桥面铺装预防性养护技术研究，开发了相关的预防性养护材料和结构体系，并在泰州大桥钢桥面铺装选取部分区段进行了罩面材料试验；结合“桥梁钢塔火灾防治及风险管理”研究成果，选取钢中塔表面适当区段涂覆了防火涂料，并在中塔两侧一定长度范围内加装了风障条，对钢中塔形成了有效防火隔离。

泰州大桥“铺路石”青年突击队步检誓师

三是强化成果应用评估。对科技研发的工艺成果，在泰州大桥实桥选取试验段进行应用，并定期跟踪观测、开展效果后评估，确保科研成果在泰州大桥养护管理中产生实效。如针对钢桥面铺装裂缝，选取部分区段采用研发的工艺进行修复并标识，每年跟踪观测裂缝的发展情况，对裂缝的修复效果进行后评估；针对钢箱梁焊缝，每年选取重点区段施行气动冲击、焊趾磨削等预防性养护措施，并现场进行应力跟踪测试，评价各类预防措施的实际应用效果。

三、成果成效

在泰州大桥近十年的运营管理过程中，一系列科研课题的开展和大量科研成果的转化落地，对大桥的运营维护发挥了显著的科技支撑作用，主要体现在以下三个方面：

（一）保持了一流的桥梁技术状况

泰州大桥公司通过系统的专题科学研究，识别了大桥管养关键点，总结提炼出一系列重要构件的衰变规律，科学掌握了重要构件的预防养护策略，形成了相应的预防性养护技术指南。通车至今，泰州大桥全桥技术状况始终保持为一类，累计通行车辆8916.8万辆，未因结构损伤开展过任何大中修工程。

（二）提升了大桥的安全防控能力

从宏观层面来看，泰州大桥日均通行流量由开通时的5000辆增长到目前的5万辆，在通行车辆增长10倍的同时，事故率却降低了66%，大桥的安全防控能力稳步提升。从微观层面来看，依据悬索桥抗风设计科研成果，在桥塔区加装风屏障，经历了多次台风的考验，开通至今未发生一起因桥塔区风力影响引起的车辆事故。通过开展钢塔防火研究和长大桥梁运营安全风险防控评估项目，大桥通车以来经历的3次主桥火灾均得到快速有效处置。

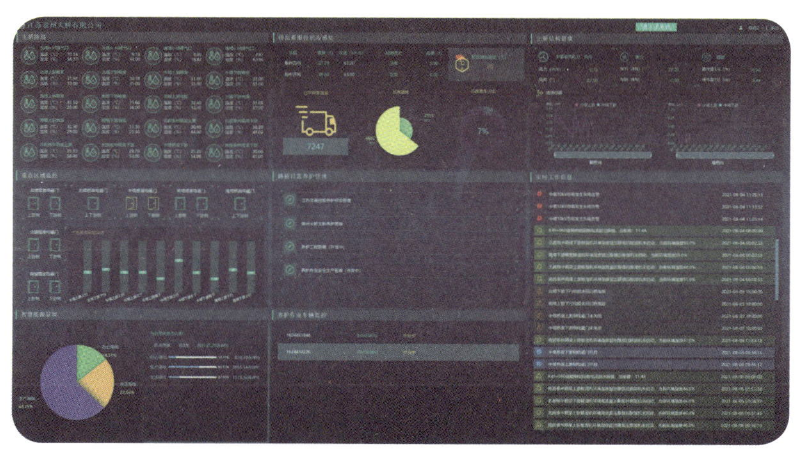

主桥综合管理平台

（三）构建了一支优秀的管理团队

泰州大桥公司积极引导养护人员融入科研工作，围绕跨江大桥系列科研，培养了一支学历高、技术精、能力强的养护管理团队，并形成了一批创新成果，完成的科研成果中有6项达到国际领先水平、3项达到国际先进水平，累计获得发明专利30多项。同时，还培养了一批高端人才，团队中20多人职称得到了晋升，其中正高级工程师7人、高级工程师3人，涌现出了“333人才工程”省级人才5人。此外，完成的10多项科研成果中，荣获中国公路学会一等奖3项、二等奖2项、三等奖1项，江苏省科学技术奖2项。

创新驱动发展　构建全国首个“高速公路团雾智能预警系统”

——江苏东部高速公路管理有限公司

一、基本情况

江苏东部高速公路管理有限公司（以下简称“东部公司”）由原江苏汾灌高速公路管理有限公司与原江苏沿海高速公路管理有限公司合并重组而成，是江苏交控全资子公司，注册资本2亿元。东部公司所辖路段北起G15沈海高速公路苏鲁省界，南接苏通长江公路大桥，西

江苏东部高速公路管理有限公司

起G25长深高速公路苏鲁省界，东至宁连高速公路宋跳互通，途经连云港、盐城、南通三市，运营管养里程455公里，约占全省高速公路总里程的1/10，为江苏省内单线管养里程最长的高速公路管理公司。目前，东部公司职工总数1300余人。

随着我国公路交通信息化的快速发展，人工智能、5G技术应用不断升级，“智慧高速”建设成绩显著，但在突发事件监测和预警方面仍存在短板。如俗称高速公路“流动杀手”和“第一杀手”的团雾，是连环追尾重特大交通事故的主要诱因。公安部数据显示，2018年全国高速公路团雾重点易发路段有3188处，里程达2.3万公里，仅江苏境内就有90多处，给高速公路行车安全带来了极大的隐患。东部公司所辖路段全境地处江苏沿海，气象条件复杂，团雾天气频发，安全隐患大。为此，东部公司聚力“创新驱动发展”战略，巧用“二单元、一模块”的框架构建了全国首个“高速公路团雾智能预警系统”，于2019年正式投入使用。

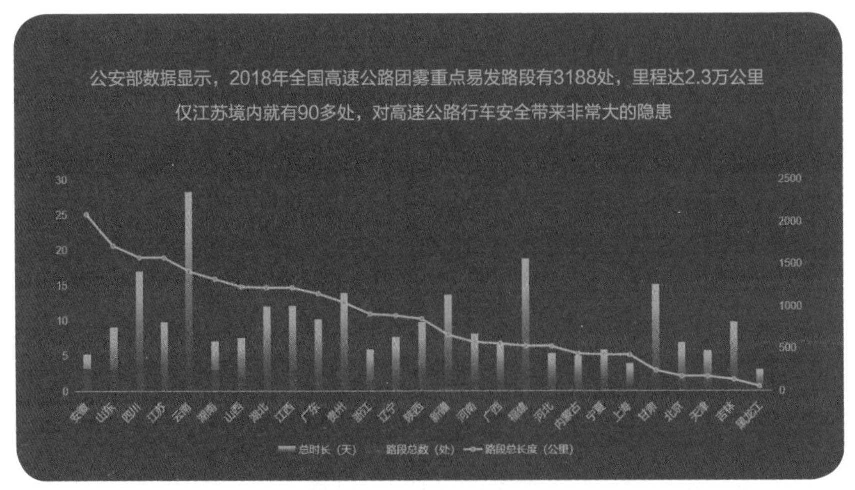

2018 年全国高速公路团雾发生频率、总时长、总路段、总里程

二、经验做法

（一）找到问题堵点

长期以来，对于团雾、雾霾天气下的交通安全问题，公安、交通等部门非常重视，但国内外尚未形成成熟、有效的团雾监测和预警解决方案。东部公司走访多地，开展实地调研，搜集了大量信息，为团雾预警系统的成功搭建奠定了数据基础。同时，东部公司联合地方政府、科研院所多次召开专家讨论会，经过充分研讨总结出解决团雾问题的三大难点。一是实时捕捉难。1996年沪宁高速公路开通后，江苏高速交通管理部门与省气象局密切配合，在道路沿线安装气象设备，试图解决团雾等恶劣天气的监测预警问题，但由于团雾突发性强，效果未达预期，依然是堵点。二是等级判别难。人工巡查效率低，人眼观察和判别偏于主观。交巡警、路政及东部公司巡查人员对辖区路况现场单次巡查需5小时，视频巡查需2小时，且难以做到24小时不间断。三是推广应用难。现有解决方案主要依靠气象或雷达技术，建设成本高、效率低。如布设气象检测仪，仅东部公司所辖路段就需投入1200万元。按照国内某智慧高速示范工程方案，每250米间距需安装1台毫米波雷达；若在江苏高速公路推广使用该方案，至少需要投入6亿元，且不包含后期维护费用。

（二）精准开发系统

设计之初，东部公司就预想采用嵌入式方案，通过对现有交通监控设施的拓展升级，避免了雷达、气象观测仪等设备的大额投入。经过反复研究，系统的组成架构基本成形。一是雾霾监测单元。该单元对团雾进行全时段、全路段实时监测，对气象信息进行24小时扫描、全路段捕捉，以此解决“实时捕捉难”的问题。二是能见度分析单元。

通过独创的图像分析技术，融合 4 套适用于不同场景的人工智能算法，实时分析气象信息，并将捕捉的实时图像信息精准转换为交通能见度，以此解决“等级判别难”的问题。三是综合管理模块。当监测到团雾后，系统自动向“一路三方”交通控制人员推送警示信息，相关人员依据预警数值，实施相应的交通管制。同时，通过情报板、诱导屏、微信公众号等媒介，向驾乘人员发布实时路况和管控信息，提醒行车安全。当团雾浓度发生变化，系统同步提示能见度恢复情况，交通控制人员据此解除或调整管制等级。

（三）拓宽应用场景

保障社会公众安全出行的管理系统必须具备实用性强、实时性高、推广性好的特点，为此，东部公司联合技术单位不断优化调整该系统，在技术层面不断改进。一是提升实用性，让监测数据更准。东部公司不断优化算法，提升设备性能，使系统智能适应昼夜、雨雪等多种环境，在恶劣条件下仍可正常运转。二是提高实时性，让覆盖范围更广。东部公司利用现有的道路监控平台，对团雾进行全时段、全路段实时监

高速公路团雾智能预警系统

测，实现每 50 秒自动扫描、单路视频每 700 毫秒计算一次、3 秒内同步计算 50 路视频，实现了秒级数据更新。三是增强推广性，让拓展空间更大。考虑到该系统可能会继续嵌入新模块，且需与其他省市的自有系统兼容，系统整体采用标准化建设方案，各类接口均采用统一标准，支持多平台应用，按“本地 + 云端”灵活部署，可跨区域、跨路网推广，也可拓展用于其他道路事件的监测。目前，东部公司与高德地图的合作正在洽谈中，为未来多平台应用留下了发展空间。

三、成果成效

（一）行业影响不断增强

自高速公路团雾智能预警系统成功应用以来，交通运输部、南京信大气象科学技术研究院等权威机构以及中国工程院气象专家李泽椿院士、电子雷达专家贲德院士等权威人士均对系统监测精度和创新性给予了高度评价。目前，高速公路团雾智能预警系统已在江苏高速公路全面推广应用，江西、四川、湖南等省交通运输部门曾多次来苏考察调研该系统。2020 年，该系统获得由江苏省交通运输厅、人力资源和社会保障厅等单位联合举办的首届“华设杯”智能交通创新技术应用大赛总决赛一等奖。

（二）社会效果明显提升

在雨雪、雾霾天气下，系统可保证公路交通能见度 200 米内误差率≤ 2.1%，道路能见度检测输出延时≤ 5 秒，自投入使用至今，漏报率、误报率为零。系统运行以来，已发布预警信息 16000 多条，及时帮助公众出行获取路况信息，方便了出行，减少了交通事故。近两年，东部公司所辖高速路段未发生团雾引发的交通事故。同时，根据系统预警信息，交警可分级、分路段实施交通管制，解除、放行更加及时，减少了车辆滞留和等待，减少了出行延误和车辆尾气排放。东部公司所辖路段全年单次因雾实施封闭管制的平均时间缩短约 2 小时，公众满意度持续提升，社会效益明显。

（三）经济效益大幅提高

自系统应用以来，团雾事件报出率 100%，无一漏报或误报，使得道路指挥调度更具针对性，降低了路况巡查频次与强度，减少了人工巡查的安全隐患。另外，通过使用该系统，有效保障了高速公路畅通，通行费收入呈明显上升趋势。如东部公司所辖汾灌段、临连段 144 公里高速公路在部署团雾智能预警系统后，全年通行费收入增加了约 465 万元。

打造演练新模式
实现安全生产数字化升级

——江苏高速公路石油发展有限公司

一、基本情况

江苏高速公路石油发展有限公司（以下简称“江苏高油”）成立于2002年2月，是由江苏交通控股有限公司、中国石化销售股份有限公司、中国石油天然气股份有限公司合资组建的高速公路成品油经营企业，主营江苏省内高速公路成品油供应业务，下辖78个点154座加油

江苏高速公路石油发展有限公司

站，占江苏交控系统高速公路加油站的80%。江苏高油一贯重视安全生产工作，实现了连续20年生产运营零事故，先后获得“江苏省危险化学品二级安全生产标准化企业”“2020年度危险化学品安全生产先进集体”“全国青年安全生产示范岗”等荣誉称号。

2021年9月1日，新修订的《安全生产法》正式施行，明确规定了生产经营单位应当对从业人员进行安全生产教育和培训，保证从业人员具备必要的安全生产知识，掌握本岗位的安全操作技能，了解事故应急处理措施。作为一家危险化学品经营企业，江苏高油长期坚持开展应急预案月度桌面演练和夏冬两季实战演练活动，作为提升从业人员安全素养和应急能力的主要途径。但在推进过程中，相继暴露出两类演练方式的弊端：实战演练成本高、耗时长，无法高频次开展；桌面演练存在方案不精准、培训不到位、准备不充分等情况，预期效果差。对此，江苏高油聚焦人员应急处置能力提升，依托信息化技术途径，率先开发应用“加油站应急仿真演练系统”，有效破解应急演练“实施难”“成本高”“效果差”等难题。

“加油站应急仿真演练系统”主界面

二、经验做法

（一）把脉问诊，找准解题方向

为进一步明确年度安全培训工作方向，2021年1月，江苏高油开展了应急培训需求调查。回收的1344份有效调查结果表明，82%的员工有应急演练培训需求，61%的员工认可线上应急培训方式，25%的员工认为应急处置对安全管理工作的影响最大。对此，江苏高油探索提出三点改进方向，即：坚持信息化，搭建线上演练平台；坚持高油特色，满足安全管理要求；坚持实效性，让员工学有所获。在此基础上，结合大量市场调研，决定开发应用模拟实战演练的“加油站应急仿真演练系统”。通过构建加油站三维场景和人员模型，模拟不同类型的突发事件情形，以任务为驱动，逐步引导操作人员演练应急处置步骤。员工只需要在手机端登录个人账号即可演练各类预案，并在演练结束后及时获取演练评估得分，查找不足，定向学习。

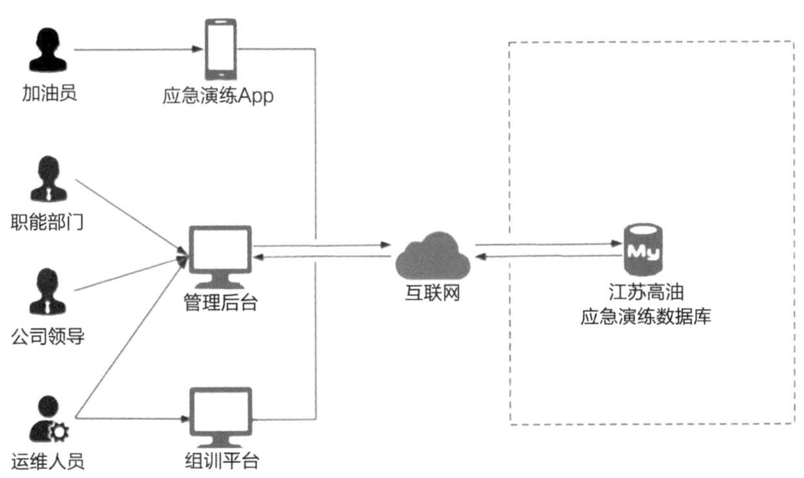

“加油站应急仿真演练系统”网络拓扑图

（二）摸石过河，建立工作机制

针对各站点在人员年龄结构、属地监管要求以及安全管理现状等方面的差异，江苏高油选择江宁、堰桥、古盐河、射阳4座加油站作为试点，建立以试代研、边试边改的工作机制，深入分析系统对加油站应急管理工作的提升效果，全面查摆、有效解决了“系统预置的应急预案内容与江苏高油实际预案不符，系统中人物、场景设置缺乏江苏高油元素，教学功能不完善导致员工初期上手存在难度，教育培训功能不突出导致员工学习、记忆应急处置要点难度大，系统无法下达月度演练计划”等一系列问题。

（三）全力攻坚，功能日臻完善

一是丰富应急演练场景。按照“预案内容与应急体系相结合、模拟场景与站点实景相结合、演练步骤与安全实际相结合”的原则，江苏高油持续优化系统，将预案数量扩充至45个，覆盖生产事故、社会安全、公共卫生、自然灾害以及现场急情五个方面。并在此基础上，对照江苏高油员工工作服、加油站装修风格等对仿真场景中的模型进行修改完善，最大限度还原现实场景，进一步增强员工培训的代入感，确保达到预期的培训效果。

二是完善特色化应用功能。针对部分员工上手慢、演练知识点不明确、协同演练不充分等问题，江苏高油开发新手引导模块，操作内容包括人员控制及各类应急措施交互操作方法。在演练前后，增加处置流程查看窗口，并将演练流程通过流程图等更加直观的形式展现。员工可通过实时查看当前演练预案完整处置流程进一步加强记忆。为方便加油站以班组为单位组织协同演练，增设多人演练模式，进一步提升团队协同能力。

三是开发后台考核管理功能。开发演练计划制定及查看模块，安全管理人员通过系统后台制定年度、季度、月度等各类演练计划，实时查看所有员工演练进展情况，有效满足应急演练管理考核的需求。配套开发后台管理系统，为江苏高油1600余名员工建立应急演练档案，自动生成演练记录，可通过数据分析工具随时查看演练完成情况、类型分布、成绩排行等信息。经过一年的调试和试运行，江苏高油加油站应急仿真演练系统于2021年11月正式上线。

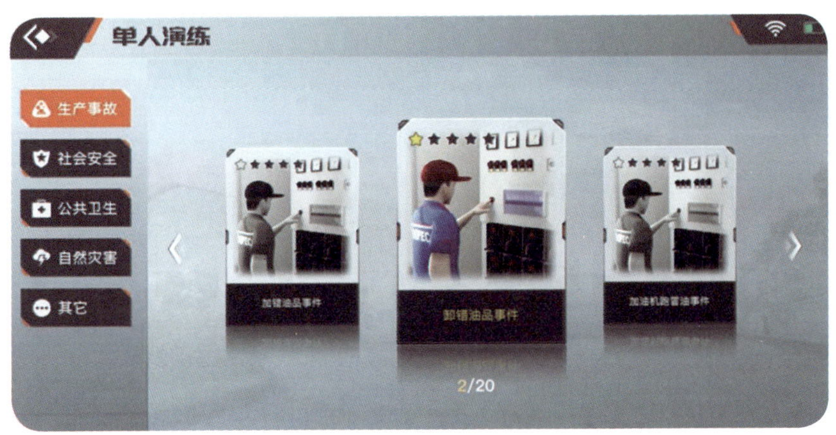

“加油站应急仿真演练系统”演练界面

三、成果成效

加油站应急仿真演练系统集成了“5G+互联网+人工智能”等要素，是江苏高油加快安全生产数字化升级的全新探索，切实有效推动安全生产水平迈上新台阶。

（一）系统演练效果进一步提升

加油站应急仿真演练系统场景丰富、形式新颖，兼具易用性和趣味性，极大地调动员工参与演练的积极性。自系统上线后，已有1616名江苏高油员工安装使用，各站点总体应急演练超52000次，演练总时长超3100小时，活跃度高达98%。与传统的应急演练形式相比，仿真演练系统既深入人心又务实管用，演练的有效性得到了大幅提升。

（二）安全管理效率进一步提升

通过系统后台，安全管理人员可以实时查看各站点演练记录和演练效果，全面分析各片区站点的演练数据，借助信息化手段，进一步完善加油站应急管理评估和督查工作，推进闭环管理更具实效。江苏高油安全管理部门通过应急仿真演练系统这个抓手，有效提高了安全培训效率、安全管理水平，安全生产水平迈上新台阶。

（三）安全运营水平进一步提升

加油站仿真演练系统预案完善、功能齐备，具有较高的实用和教育价值。员工通过评估反馈，精准查找不足，消除知识盲区，应急处置能力和专业素质得到进一步提升，总体演练效果评估满分率高达90%。安全管理是一项系统工程，江苏高油抓住安全演练这个“牛鼻子”，增强工作针对性，取得了实效。2021年度，江苏高油加油站成功处置各类突发事件67起，其中扑灭初起火灾27起。

依托数字转型 打造智慧汽渡

——江苏镇扬汽渡有限公司

一、基本情况

江苏镇扬汽渡有限公司（以下简称“镇扬汽渡”）成立于2019年5月，是江苏交控全资子公司，主要承担镇江、扬州两地越江运输车辆及居民出行渡运业务，是江苏省南北交通干线公路——S243省道重要的越江枢纽。

江苏镇扬汽渡有限公司

近年来，随着过江车辆的持续大幅增加和瞬时高峰流量的脉冲式冲击，渡运行业“船等车”等“卡脖子”等现象时有发生，镇扬汽渡沿用的传统模式出现瓶颈效应，在一定程度上制约了渡运效率和公司的经营发展。镇扬汽渡积极贯彻江苏交控数字化转型和数字驱动战略，持续向传统渡运模式注入现代科技元素，先后开发了渡船智能检录系统、智慧收费系统等一系列智能项目，持续推进由传统单一渡运企业向综合交通科技企业转型，公司经济效益和社会效益稳步提升，2021年渡运收入同比增加27%，渡运车次同比增加20%，渡运能力、科技含量持续保持国内领先地位。

二、经验做法

（一）部署数字化转型

镇扬汽渡围绕“智慧汽渡”定位，聚焦制度建设、设备健康、系统完善、技术支持、人员保障等内容，将科学方法渗透至渡运管理全过程。一是注重前瞻研究。坚持“以我为主，自主可控”，成立镇扬汽渡研发小组，开展前瞻性、深层次问题研究，系统性推进课题调研、评审工作。二是加大研发投入。推进渡轮设备、智能系统、调度指挥中心等信息化、数字化建设。三是提优技术队伍。以项目为纽带，以巩固员工操作技能知识和提高信息技术运用技能为手段，以定期开展职业技能竞赛等活动为载体，多措并举培养适应信息化发展的应用型人才。四是强化考评管理。围绕数字化转型开展综合评估，跟踪、评价、考核、对标和改进，加强动态跟踪和闭环管控，并与评先评优和升职（降职）等考核相挂钩。

（二）研发智慧收费系统

为消除渡区积压、提升渡运效率，在渡运收费环节，镇扬汽渡淘汰了自2005年沿用至今的收费软件和基于POS销售终端的移动支付模式，针对不同类型用户，率先研发上线了智慧收费系统。该系统购票流程通过匹配车牌信息进行交易，同时保留了ETC刷卡交易模式。并将纸质开票改为线上开票，单车平均通行时间由原先的20秒缩短至5秒，有效缓解车道积压现象，提升通过速度。针对非ETC用户，研发并启用新的票务系统。与传统的手工模式相比，购票（含开票、退票等全过程）效率和体验感大幅提升，主要表现为：重新设计虚拟票号，用出具热敏票方式替代针式打印机出具的纸质票据，将出票时间从6～7秒压缩至1秒以内；推出线上开票系统，实现驾乘人员在线上实时开具过渡发票；整合退票系统，设立退票专用窗口。

（三）上线智能检录系统

在渡船检录环节，镇扬汽渡结合云上票务系统运行场景，自主研发投产智能检录系统。该系统以确保码头站端与渡船端车牌抓拍的高度准确性为基础，以渡船与码头站端数据的实时传输为保障，以数据比对检录为技术支撑，在渡船端加装车牌识别摄像机，将获取的车牌信息与经过收费车道的车牌信息进行比对，并自动分配车辆信息至对应渡船。相较传统的“一车一检一录入，一船一统计”检录模式，智能检录系统省略了收票、验票、录入、统计等工作环节，有效提升了检录效率；采用车牌模糊匹配技术自动检录车辆信息，在购票更为安全、检录更为精准、登渡更为迅速、安全更有保障的基础上杜绝“人情车”“逃票车”等情况发生。

检录系统工作示意图

（四）优化车道辅助设施

以往，渡区车道使用的传统限高杆重量大、旋转不灵活，如有车辆误入，需2～3名人员才能拉动限高杆以疏通车道。智能限高杆投入使用后，可远程一键启动，使误入车道的超高车辆第一时间得以通行，基本消除对车道使用的影响。

三、成果成效

镇扬汽渡聚焦“智慧汽渡”的理念，坚持以科技提升效率，加快“绿色渡运”进程，在保障渡运安全的同时提升渡船操纵性能；提高“智慧渡运”水平，利用智能设备辅助渡运；提升“数字汽渡”品质，加快渡船检录系统、调度指挥中心建设进程，用数字升级推进公司高质量发展，引领行业实现技术迭代升级。

（一）提升渡运效率和驾乘体验

镇扬汽渡围绕打造“安全保障有力度，服务民生有温度”的目标，在推进渡运流程更加流畅快捷的基础上，持续提升过往驾乘人员乘船过渡快速畅行和品质服务的体验感。以智慧收费系统为例，系统建成投产后，过渡车辆待渡时间有效缩短，渡运能力大幅提升，高峰时段（每日 15:00 ～ 22:00）渡运车辆从 450 辆 / 小时左右提高至 510 辆 / 小时左右，渡运收入从 2.7 万元 / 小时左右提高到 3.1 万元 / 小时左右。

（二）巩固“首创”优势和行业地位

近年来，镇扬汽渡持续拓展数字发展思路，首创“无纸化”渡运新模式，自主研发并上线行业内首个ETC收费系统、智能检录系统等，填补了汽渡行业助航技术的空白，也吸引了省内多家汽渡公司来访、学习、交流，行业地位得到持续巩固和提升。

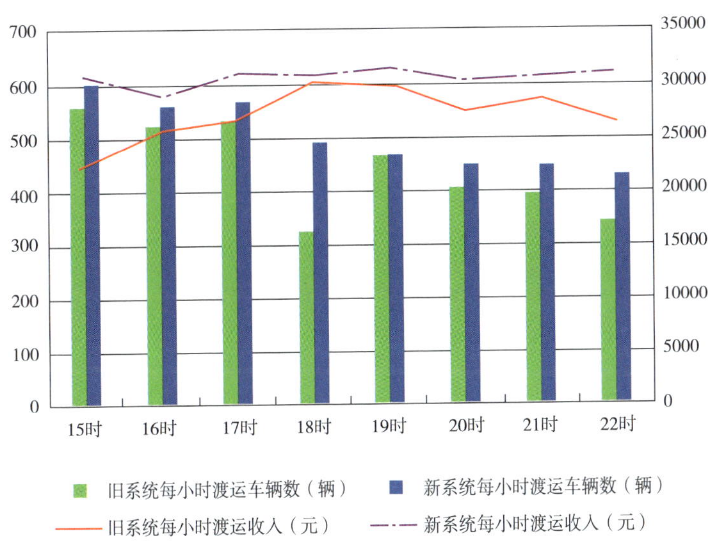

智能检录系统、智慧收费系统使用前后高峰时段渡运数据对比

（三）树优文明新风和环保形象

随着镇江市市政建设步伐的加快，镇扬汽渡南岸接线道路两侧先后建设了大量居民生活区。汽渡开航和流量高峰期间，待渡车辆积压、排队鸣笛等问题严重影响到附近居民日常生活，也扰乱了正常的渡运交通和运营秩序。智能检录系统、智慧收费系统等一系列智能系统的投产使用有效提升了积压车辆的清空效率，提高了渡运运营能力，减

轻了过渡车辆对渡区周边居民生活和交通秩序的影响。同时，待渡时长的压缩减少了车辆尾气排放，渡运过程更为绿色环保，助推江苏交控“通达美好未来”的社会形象不断变美。

本章启示

加快科技创新和数字化转型，聚焦数字、数治、数智做文章，驱动产业提速变革、管理提质增效、服务提档升级。究其实质可归纳为四个“C”。

Coordination：上下联动，内外协同。建立各司其职、协同合作的信息管理架构，理清信息化决策层、管理层、技术层、应用层责权边界，共同推进信息化科技研究与应用发展，调动政、产、学、研多方资源，打造跨界融合、共创共享的数字交通产业生态。

Controllability：以我为主，自主可控。建立内部信息化管理和技术核心团队，全程参与项目研发及管理，形成企业自主可控的知识产权，加大创新力度、提升发展高度、增强原生动力，为企业可持续发展注入“活水”。

Creativity：创新引领，转型发展。“以出行者为中心”，深化理念创新，重塑产品服务和用户体验；“以业务为灵魂”，深化路径创新，从硬件推动转变为以业务推动；“以数据为主线”，深化管理创新，从“经验决策”转变为“数据决策”。

Centralization：平台统一，数据集中。集团内部建设统一的应用平台和唯一的数据中心，形成全面覆盖、统筹利用、统一管理的数据共享与服务平台，实现集团上下、企业内外全面集中管控和信息共享。

第五章 推进党建工作与生产经营深度融合

本章导言

习近平总书记强调，要处理好党建和业务的关系，坚持党建工作和业务工作一起谋划、一起部署、一起落实、一起检查[1]。国企改革中，要以系统思维推动党建工作和业务工作深度融合，坚持围绕中心抓党建、抓好党建促业务，坚持党建工作和业务工作目标同向、部署同步、工作同力，以高质量党建引领高质量发展，使二者在融合发展中相互促进。近年来，江苏交控党委坚持以系统化思维和“一盘棋”意识统筹谋划党的建设与中心工作，从认识定位、目标任务、改革攻

[1] 《全面提高中央和国家机关党的建设质量　建设让党中央放心让人民群众满意的模范机关》，来源：《人民日报》（2019年07月10日01版）。

坚、创新模式等方面延展党建“融合”路径，形成了让企业“强”起来、职工群众“富”起来的生动实践。

认识定位融合。江苏交控党委树牢“一体谋划”的战略思维，推动党建工作与业务工作“整体谋局”。增强“一同部署”的先决条件，推动党建工作与业务工作“联合指令”；增强“一起推进”的行动自觉，推动党建工作与中心工作从“独轮前行”向“双轮同行”转变；突出“一并考核”的评价导向，推动党建工作与中心工作从“表层结合”向“深度融合”转变，确保党政同向发力。

目标任务融合。把抓工作的思路和措施转化成干部职工向着目标前进的共识和行动，让“卓越党建”全面融入战略目标、全局任务的实践中，旗帜鲜明地以“1号工程”定位党建，全方位、立体化、多层次突出党建“首位度”，着力构建主业主导、主责主抓、主角主动的“大党建格局”。每年年初印发“党委1号文件”，周密部署江苏交控全年重点任务和改革发展稳定举措，既体现中心工作的思路和任务，又体现党建工作的思想和路径，实现“同心同德、同频同步、同向同行”。

改革攻坚融合。江苏交控在改革之路上，始终高擎党的旗帜，助力改革发展、攻坚克难、稳定和谐。让党建成为改革的“发动机”，顺应发展机遇期、矛盾凸显期、改革攻坚期“三期叠加”，不惧钱从哪里来、险从哪里防、人往哪里去“三大难题”，开展国企改革三年行动，改革工作多次获国务院国有资产监督管理委员会肯定。让党建成为攻坚的“定盘星”，在2020年新冠肺炎疫情防控大考中，全系统公司6000多名党员、28000多名干部职工，筑牢“省界屏障”，守好“江苏大门”。让党建成为发展的“推进器”，积极投身“交通强国”“长三角一体化”“长江经济带”建设，充分发挥全省交通投融资“主渠道”作用。让党建成为稳定的“压舱石”，开展思想政治工作进站区、进班组、进岗位、进宿舍，切实打通服务职工群众的“最后一公里”。

创新模式融合。江苏交控牢牢把握加强基层党组织建设的实践逻辑，在夯实基层党建基础的同时，不断探索创新工作模式。打造“党建+”综合生态圈，以挖掘“党建工作价值”为开端，以彰显“中心工作价值”为终端，以“党建+战略引领”“党建+经营管理”等为切入点，构建“党建+”一体化工作模式；打造“标准+示范”党建样板，形成一批在全省有影响力、在全国有知名度的“星级党支部样板”；打造“融合+项目”强基提质，实现党建工作项目化、清单制管理，构建“党建品牌+业务品牌”互动体系。

江苏交控数年来的实践证明，党建工作和生产经营好比车之两轮、鸟之双翼，同气连枝、密不可分。让党建与业务工作画好“同心圆”、打好“组合拳”、弹好“协奏曲”，是江苏交控不停步履、持续发展的“定海神针”和动力之源。

“融合式”党委巡察
护航企业健康可持续发展

——江苏交通控股有限公司

一、基本情况

截至2021年底，江苏交控资产总额7420亿元，员工2.8万人，所属33个二级党组织、624个基层党支部、6000余名党员遍布江苏全省各地。面对如此大的经营体量，以及系统内一些企业暴露出的基层党组织建设不够到位、“三重一大”管理不够规范、廉洁风险管控不够扎实等问题，站在新时代国有企业加强党的建设新起点上，踏上全面从严治党新征程，江苏交控党委深感管党治党责任重大，学习借鉴中央、江苏省委先进巡视经验和市县巡察经验迫在眉睫，探索走出国企党委巡察之路势在必行。

江苏交控党委锚定“发现问题、形成震慑，推动改革、促进发展”的巡视方针，聚焦“贴近实践、融入中心、走进管理、保障发展”的目标定位，于2017年6月率先在省属国企中开展政治巡察工作。通过搭架构、建制度、组队伍、真巡改等务实举措，形成了与企业发展目标契合、经营管理融合、资源配置吻合的“融合式”国有企业巡察机制，为企业高质量发展夯实了政治基础。

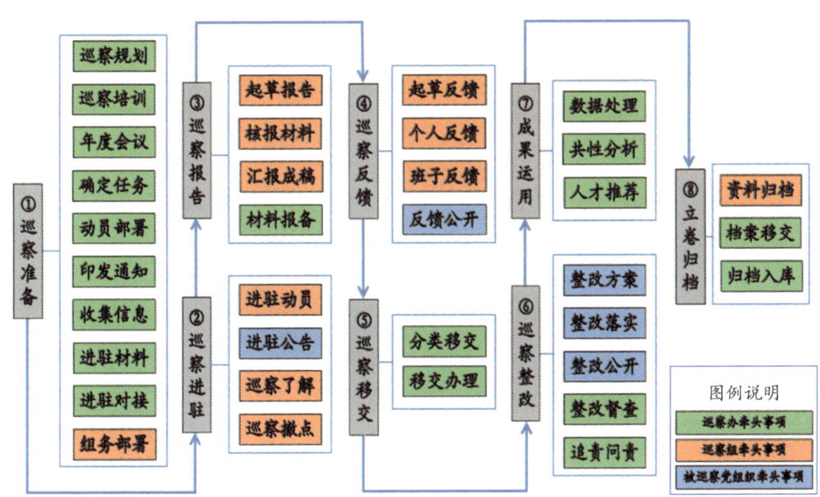

江苏交控党委巡察流程图

二、经验做法

（一）高标准定位，科学健全体制机制

一是高效健全组织机构。江苏交控党委持续深入学习习近平总书记关于巡视巡察工作的重要论述，成立以党委书记为组长，党委副书记、省纪委监委派驻江苏交控纪检监察组组长、相关职能部门主要负责人为成员的巡察工作领导小组，优先设立党委巡察办公室和3个常设党委巡察组，配备12名专职人员，统筹推进党委巡察工作。

二是持续完善制度体系。多次赴地方考察学习，结合江苏交控实际，建立起以《党委巡察工作办法》《党委巡察组管理制度》《党委巡察评估工作办法》为主要内容的巡察制度框架，构建起由1个总体性规划、8个制度性规定、10个操作性规程构成的“1+8+10”制度体系。随着实践经验的积累，先后修编了3版《巡察工作手册》，在规则不断细化、要求不断加码的同时，要点更突出、重点更明确、难点更易懂，有效指导巡察实践，提升巡察监督质效。

江苏交控党委《巡察工作手册》

三是扎实推进系统建设。根据江苏省委巡视办交办课题的要求，开发应用“江苏交控党委巡察信息管理系统”，将信息化建设作为公司巡察工作效能的“倍增器”，持续强化“创新”与“应用”的融合度，为巡察工作提升插上了科技的“翅膀”，提高了巡察效率，得到了江苏省纪委、江苏省委巡视办领导的高度肯定。

（二）高效率推进，灵活运用方式方法

一是始终注重巡察定位政治性。紧紧围绕中央、江苏省委巡视工作新要求，聚焦“三大问题”“六围绕一加强”“四个落实”监督重点靶向发力，确保政治体检方向不偏离。2017年6月起至2021年底，江苏交控党委共完成常规巡察12轮、专项巡察2轮、提级巡察1轮、“回头看”督查4轮，覆盖全部所属二级单位党组织，实现了一届党委任期内巡察监督“全覆盖”。

二是持续提升巡察落点精准性。建立巡前沟通机制，纪检、审计、组织等各类监督主体密切配合、综合研判，巡前重点关注更加精

准；对发现的问题进行归纳提炼后，形成7个大类、56项重点、135种表现的“巡察监督重点清单”，巡中发现问题更加精准；建立“对账销号”和问题底稿制度，做到有账可查、有据可依，巡后整改问效更加精准。

三是不断增强巡察方式灵活性。根据江苏交控改革发展任务和破解热点难题的需求，将“十四五”规划、国企改革三年行动计划等任务的落实纳入巡察重点，充分发挥巡察利剑保驾护航作用，先后组织开展招投标管理专项巡察、自主重大投资项目点题巡察、重点关注企业提级巡察、选人用人专项检查等机动式、“点穴式”巡察12次，形成专题报告6份，有力推动了重要任务落实和重大风险化解。

（三）高质量闭环，推动整改落地落细

一是回答好“后半篇文章”之问。实施“三级审查机制”，严把整改方案关；落实“双公开”要求，严把整改报告关；完善巡察整改质效评估制度，严把整改督查关。开展了四轮巡察整改督查“回头看”，实现了“巡察—整改—督查”全闭环。

二是建立好“不到位追究”之制。制定《巡察整改责任追究实施办法》，及时约谈整改质量不高、存在明显偏差的被巡察单位相关负责人。对落实整改要求走过场、不到位等造成严重后果的，依规依纪严肃问责。

三是落实好“上与下联动”之责。以高度的政治自觉接受江苏省委巡视，主动移交巡察成果，为保障巡视效率提供强有力的支撑。认真贯彻落实中央和江苏省委关于巡视巡察上下联动的文件精神，在江苏省委巡视办的指导下，参与修编《省直单位巡察整改工作操作指引》，制定了巡察整改工作流程图，为全省巡察整改标准化、规范化建设贡献了“交控力量”。

（四）高水平锻造，激活队伍动力动能

一是在队伍建设上下功夫。采用“专兼结合、以兼为主”的办法，开展选拔，逐步组建了副组长库和巡察人才库，专业涵盖综合纪检、财务审计、工程技术、安全营运等领域。自开展巡察工作以来，全系统共有476人次参加了各类巡察和整改“回头看”督查。

二是在能力提升上求实效。注重巡察工作针对性和实效性的要求，通过邀请江苏省委巡视办专家辅导、企业内训等方式，围绕党的理论、党内法规和政策要求等主题，指导巡察干部从政治性、实效性、长效性等视角去审视、分析问题，累计组织7期615人次参加业务培训，并先后选派10人参加江苏省委巡视和专项检查，打造了高水平、专业化的巡察队伍。

三是在考核激励上做文章。建立“凡巡必优、凡提必巡”机制，让优秀的干部通过巡察平台得到磨炼，进一步增强工作本领，提高承担更重要任务的能力；让新晋升的领导人员通过巡察平台进一步增强政治意识，提高履行“一岗双责”的能力。截至目前，共有233名党员干部参与过党委巡察，其中141名得到提拔任用，占比60.5%。

三、成果成效

近几年，江苏交控党委聚焦巡察工作，一手抓党建，心齐、气顺、劲足、风正、实干的干事创业氛围更加浓厚；一手抓发展，竞争力、创新力、控制力、影响力、抗风险能力显著提升，持续为生产经营工作保驾护航，带来了五点正向变化。

（一）改善了纪律作风

巡察利剑的震慑、治本作用充分显现，全系统贯彻落实上级决策部

署持续深入，管党治党责任压力不断传递，树新风纠“四风”意识日益增强，干部、员工遵规守矩、廉洁从业之观念深入人心。

（二）融入了中心工作

江苏交控党委结合改革发展任务和破解热点难题的需求，聚焦经营管理中的高风险领域与突出矛盾，真正将巡察贯穿于中心工作之中。党委巡察一轮全覆盖后形成的综合分析报告，对发现的问题追根溯源，剖析了深层次原因，对系统性问题的整改完善提出了对策建议，为企业高质量发展持续保驾护航。

（三）强化了制度建设

将巡视巡察整改工作纳入年度考核指标，倒逼所属单位整改责任落实，有力推进规章制度“废改立”，修订制定集团制度40项、所属单位制度522项，制度的刚性效能得到有效释放。

（四）降低了廉洁风险

针对巡察发现的廉洁风险点，推动职能部门从管理体系和业务流程上进行规范完善。例如对于所属单位招标采购不规范等“老大难”问题，结合江苏省纪委监委派驻江苏交控纪检监察组的建议，强化对招标采购、资金等重点领域管理，设置采购管理部，成立集中采购中心，建立健全5项招标采购制度，全面提升了招标采购效率、效益和公开透明度。

（五）锤炼了队伍本领

通过多轮次巡察的磨炼，党委巡察工作增强了巡察干部的政治定力、规矩意识和发现问题、系统思考的能力，也提升了被巡察单位干部员工合规管理、廉洁从业的意识，充分发挥了培养、锻造人才的“熔炉”作用，推动了干部队伍作风持续向好。

以党建“红色引擎”驱动高质量发展“快车”

——江苏宁沪高速公路股份有限公司

一、基本情况

江苏宁沪高速公路股份有限公司（以下简称“宁沪公司”）成立于1992年，是江苏交通控股有限公司旗下唯一一家在香港、上海两地上市的股份有限公司，主要业务为江苏省境内收费路桥的投资、建设、营运和管理。宁沪公司核心资产——沪宁高速公路江苏段，是江苏省

江苏宁沪高速公路股份有限公司

第一条高速公路，是苏南地区重要的交通大动脉。目前，宁沪公司总资产超过670亿元，控股及参股的公路总里程超过910公里，是中国公路行业资产规模最大的上市公司之一。

近年来，宁沪公司党委深入贯彻落实党的十九大、十九届历次全会和全国国有企业党的建设工作会议精神，在深化国企改革过程中，始终将坚持党的领导、加强党的建设作为最根本的政治任务和最重要的改革重任抓紧抓实抓好，全面推进上市路桥企业党建科学化和治理现代化的融合建设，聚力增强党建“红色引擎”动力，努力把党建优势转化为企业高质量发展的制胜优势。

二、经验做法

（一）铸牢“强根、固魂”意识，锻造坚定信念

一是政治站位向上提。通过理论学习中心组、“第一议题”学习制度、“三会一课”等强化政治理论学习，始终把党的创新理论作为企业改革和党的建设的“指南针”。二是工作重心向下移。通过基层联系点制度、领导带头讲党课等形式，及时将党的政策、理论送到一

“宁沪党建之声”微电台

线，充分运用“学习强国”“先锋荟”“宁沪党建之声”等平台，让党的声音、企业文化进现场、进班组、入头脑。三是思政教育向实走。经常性开展思想政治教育工作，让党组织及时、准确掌握广大职工的思想动态，让党的声音传递到党组织的“神经末梢”，落实到每名职工的心里。无锡东收费站党支部“精推‘十必谈’，谈出凝聚力”获评江苏省省部属企业职工思政工作“十佳案例”。

（二）把握“嵌入、融入”要求，构建科学体系

宁沪公司党委坚持党的领导，充分发挥“把方向、管大局、促落实”的政治核心作用。一是班子配置双向融合。持续完善党的领导与公司治理相统一的体制机制，把加强党的建设明确写入公司章程。实行“双向融入、交叉任职”，通过民主集中制，“集体讨论做决策、分工负责抓落实”来发挥班子的整体能力。二是党组织机构同步设置。坚持“四同步、四对接”，让党的建设和改革发展互促共进，动态关注新成立子公司、基层党组织建设，实时督导其进行换届、改选，夯实党建根基。三是党建机制分类健全。出台党建“强基提质”三年行动计划，建立健全公司党建工作例会制度、党建工作述职考评机制、党建品牌创建指导意见等，确保在制度、体制、机制上贯穿，提升党建工作质效。

（三）围绕“创新、创建”目标，融合时代元素

一是坚持对标对表。通过实地调研、互评互查、专题培训等方式扎实推进标准化党支部建设，38家基层党支部获评“星级党支部”，实现基层党组织全面进步、全面过硬。二是坚持品牌引领。科学搭建公司母品牌、各党总支子品牌和基层党支部微品牌的金字塔式创建结构，全力打造独具宁沪特色和影响力的党建品牌。2021年，14个基层党建品牌获评江苏交控“百个支部党建品牌”、无锡东收费站“红三

心”获评江苏省交通运输行业优秀党建品牌。三是坚持深耕细作。持续深化企业文化宣贯，形成“宁沪高速党建”公众号、“党员之家”阵地建设、“腾飞之路”党建展厅“三位一体”的宣传格局，逐步构建分工明确化、定位差异化的宣传矩阵，多维度、多层次讲好“宁沪故事”。

（四）抓住“培训、培育”关键，激发正向能量

一是致力讲好“微光人物”故事。深入挖掘来自基层一线各个岗位的先进典型事迹，出版《致敬一百种坚守》，通过积极向上的理念传播，凝聚起广大干部职工干事创业的热情与动力。二是搭好“匠心英才”舞台。积极构建党务人才和经营管理人才双向培养机制，先后推进“救援设备操作员”“公路收费及监控员”职业技能等级鉴定，成功打通人才成长通道，加快年轻人才和干部的培养。三是树立“先进典型”旗帜。开展“最佳党员示范岗”“十大先锋人物”“两优一先”评选，持续深化“五亮五比”“党员示范岗（窗、车、队、亭）”创建，充分发挥党员干部的先锋模范作用。

“救援设备操作员”职业技能等级鉴定

（五）聚焦“为民、爱民”情怀，打造暖心工程

一是心系“国之大者”强担当。坚持以满足人民对美好出行的向

往和追求为目标，广泛开展各类社会公益爱心活动，积极履行国企社会担当，创新扶贫助农新渠道、新载体，助力社会主义新农村建设。二是启动“幸福宁沪”暖心工程。全面开展为群众办实事“大走访”，分层分类解决职工群众的“急难愁盼”问题，聚焦小切口精准发力，全面落实“我为群众办实事”常态化机制，切实增强办实事的温度、深度和力度。三是贯彻“快乐工作、健康工作”理念。全面开展“全员健康年”、十大职工“满意食堂”“温馨宿舍”评比、“宁沪美食节”等主题活动，提升广大职工群众的幸福感和满意度，谱写“生活有滋味”的幸福篇章。

三、成果成效

在实现“交通强省、富民强企”的新征程中，宁沪公司的党建工作化身为践行“十四五”发展规划的“最美身影”，铸就成奋战防汛抗疫、大流量保畅等“急难险重”任务中的“勇毅姿态”，形成了以“卓越党建”引领企业高质量发展的生动实践。

（一）企业发展活力充沛

宁沪公司将党的建设与推动中心工作、促进高质量发展有机融合，达成了改革发展共识，明确了“上市路桥标杆、江苏高速窗口”的目标定位，形成了“尽责高效、以人为本、勇于担当”的核心价值观，弘扬了“敬业、诚信、合作、卓越”的企业精神，凝聚了推动企业发展的强大精神动力。

（二）攻坚克难彰显担当

聚焦影响企业发展的重要任务、重大工程，通过党组织覆盖、制度保障、典型引领等，充分发挥党组织的战斗堡垒作用和党员的先锋模范作用。在疫情防控、助力复产复工、大流量保畅、安全生产等“急难险重”任务中锻炼了“铁军队伍”、提升了“战斗能力”、彰显了“宁沪担当”。

（三）为民服务照亮初心

融合推进“我为群众办实事”主题实践和“两在两同”建新功行动，实施惠及面广、职工受欢迎的实事项目845条，着力解决职工“急难愁盼”问题，职工群众的幸福感和满意度大大提升，“幸福宁沪”暖心品牌深入人心，得到了江苏省总工会的高度认可。

推进“平台化运营、集中式管理”筑牢廉洁风险“防火墙”

——江苏连徐高速公路有限公司

一、基本情况

江苏连徐高速公路有限公司（以下简称“连徐公司”）由江苏交通控股有限公司、徐州工程机械集团有限公司、连云港海通集团有限责任公司于2001年11月合资成立，负责连霍高速公路、京台高速公路、淮徐高速公路、济徐高速公路等共计410公里路段的经营管理。连徐公

江苏连徐高速公路有限公司

司下设48个基层单位，员工1400余人。近年来，连徐公司紧紧围绕交通强省战略，策应淮海经济区建设，践行高质量发展理念，先后被评为“江苏省文明单位”“省级文明样板路”“江苏省首批廉政文化建设示范点”和“全国厂务公开民主管理先进单位”。

针对所属基层单位点多线长、日常采购综合成本高、安全廉洁风险大，同时资产处置种类繁杂、单项资产处置回收难、规模效益不强的实际，连徐公司坚持全面从严治党向基层延伸的主基调，突出问题导向，紧盯日常管理中的廉洁风险点，落实主体责任，规范流程再造，加强监督防范。在承担江苏交控平台采购试点任务的基础上，进一步将创新管理实践向资产处置、业务招待、公务车管理等领域延

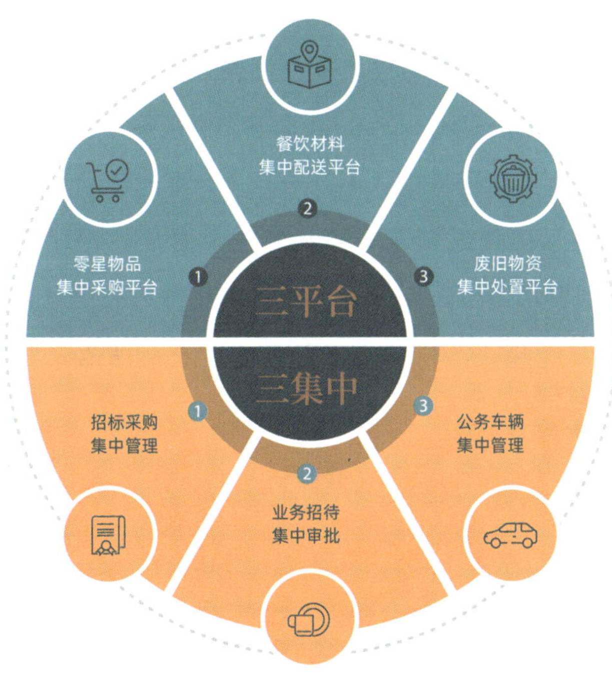

“三平台·三集中”模式

伸，经过不断摸索完善，推进“平台化运营、集中式管理”，即搭建零星物品集中采购平台、餐饮材料集中配送平台、废旧物资集中处置平台，实施招标采购集中管理、业务招待集中审批、公务车辆集中管理，有效防范了廉洁风险。2020年“三平台·三集中”模式荣获“江苏省廉洁文化实践探索创新成果奖”。

二、经验做法

连徐公司聚焦招投标、物资采购等重点领域，瞄准实际工作中业务流程、发票开具等关键环节，在管理模式上大胆创新，充分发挥集中管理优势，防控廉洁风险。

（一）搭建零星物品集中采购平台

一是优选电商平台。通过竞争性谈判方式，选定京东商城建设封闭的办公用品、零星耗材、劳保用品等物资采购场景平台，同时逐步将苏宁易购、交控商运等纳入电商平台库，扩大比价优选范围。二是强化定额管理。强化运营成本控制，在全面预算管理的基础上，编制、修订成本费用定额，零库存动态管理日常办公用品、低值易耗品和零星耗材，提升成本精细化管理水平。三是规范采购流程。制定《网上商城采购管理办法（试行）》，规范和指导平台采购工作，明确采购单位职责、采购程序、结算支付、管理监督等事项，使小额零星采购更加规范高效。

（二）搭建餐饮材料集中配送平台

一是转方式。在徐州片区先行与麦德龙商超合作，就采购方式、优惠幅度、调价机制、配送路线及频次、交货验收等要素进行全面约定。模式固化后，在连云港片区复制推广，采用公开招标形式选定优质供应商，由过去各基层单位以现金方式自行采购食材改为第三方集中配送，财务管理部按月结算，有效解决了基层单位食堂采购难以索取正规凭证、动用车辆频次高的实际难题。二是保品质。依托第三方的品控和溯源体系，及时查验所采购食品的检验检疫合格证，追溯食材的生产厂商，从源头上把好食品安全关，保证员工吃得放心。三是惠员工。不断优化线上采购程序，在限定范围内丰富配送商品品种，增加限期特惠商品的推送。综合管理部定期走访，收集基层单位员工对食材配送的意见建议，每月调研市场同期食材价格，及时与两个片区供应商沟通协调，确保服务品质和优惠幅度，为各基层单位“满意食堂”创建提供有力支撑。

（三）搭建废旧物资集中处置平台

一是规范流程。严格遵循《企业会计准则》和江苏交控相关资产处置规定，修订了《资产处置管理办法》等制度，明确了相关层级资产处置的金额、权限，规范了申报、鉴定、审批、处置、备案等各项流程。二是明确职责。各部室和基层单位指定专人负责资产处置；各部室作为资产管理、使用部门，在权限范围内，协助综合管理部做好资产处置工作；综合管理部制定资产处置管理制度并组织集中处置，拟定资产处置建议和方案，报公司总经理办公会、董事会审批。三是高效处置。通过网络、报纸等载体公开询价比价，处置流程和全部环节均公开透明，邀请具有专业回收资质的单位现场鉴定报价，回收单位上门集中收购，有效提高了处置收益。

（四）实施招标采购集中管理

一是集中统管。制定《连徐公司采购管理实施细则》，成立招标与采购委员会，在综合管理部设立招标与采购委员会办公室，集中统管招标采购工作，逐步推进招标采购管理工作的管办分离。二是计划推进。统筹采购需求，发挥集中采购优势；统筹项目实施，在编制年度采购计划的基础上，编发招标采购月报，通报采购计划推进及调整情况；统筹招标代理选配，在江苏交控供应商库中优选3～4家招标代理商，统一取费标准，从严履约考核。三是防控风险。强化控制价审核，重大专项采购邀请第三方专业机构编制控制价清单，日常周期性采购以上一周期合同价和系统内单位采购价为参照系，加强审核把关，防范廉政风险。前置法律审核，重大项目采购由公司法务和外聘法律顾问提前介入招标文件编制及招标过程审核，防范合规风险。

（五）实施业务招待集中审批

一是明确标准。制定《关于进一步规范接待工作的规定》《关于加强基层单位招待费管理的通知》《关于进一步规范内部工作餐管理的通知》等文件，建立业务招待管理的完整制度体系，从严从实加强业务接待工作的管理。二是扎口管理。公司本部及各基层单位业务招待费实行集中管理。业务招待执行专项报批制度，事前审批事项和预算，事后审核标准和流程。综合管理部对业务招待审批审核统一扎口管理。三是加强督查。纪检监督室与内审部室定期开展专项督查，进一步规范内部业务接待工作，确保不发生“四风”问题。

（六）实施公务车辆集中管理

一是发挥集中统管优势。设立5个基层车辆服务班，由党总支集中统管，同时建立24小时值班值守机制，有效降低车辆使用频次。集中管控后，全线减少生产经营保障用车24辆。二是强化安全日常管理。明确各层级管理责任，制定《公务车出行保障和公车使用管理办法》等制度。落实日常出车检查、“车场日”集中维护等基本要求。建立“红旗车班”和“明星驾驶员”评选机制，设立驾驶人员安全行车里程奖，从严考核驾驶人员绩效。三是防范廉洁从业风险。关注八小时外用车风险，加强轨迹复核和视频抽查；关注维修领域风险，针对3000元以上维修建立鉴定审核机制，定期走访车辆维修定点单位，加强廉政提醒；关注车辆用油风险，实行“一车一卡”。综合管理部、纪检监督室定期开展专项督查。

三、成果成效

创新“平台化运营、集中式管理”模式，实现了从事后监督向事前预防、事中控制的成功转型，使得公司日常运营综合成本进一步压降、制度藩篱进一步扎牢、干部深耕主业的精力进一步聚焦。该管理模式在江苏交控全系统得到推广使用。

（一）压降了成本控制的“标准线”

从长期运行成效来看，办公用品采购价格综合优惠15%，物资采购价格比本地超市低10%以上，招标项目成交金额较预算费用下降15%，业务招待费同比下降29%，车辆使用费同比下降25%，有效压降了各项成本。

（二）织密了安全经营的“防护网”

通过平台集中采购，实现了食材原料从菜场到餐桌的全流程可控，为员工提供了更安全、更丰富的食品和服务。通过驾驶人员集中管理、车辆集中管控，有效纠治了过去车辆分散管理所带来的安全教育集中难、车辆运行成本高、安全廉洁风险大的实际难题，防范了“车轮上的风险”。

（三）筑牢了廉洁风险的“防火墙”

“平台化运营、集中式管理”模式的建立，涉及修订、完善各项工作制度20余项，形成了较为完整的制度体系。纪检监督室充分参与流程的各个环节，严格把关，确保各项工作均在公开透明的环境下进行，管理更加透明。同时，提供商品清单，集中据实开票，既方便查验，又使票据规范合法。

锻造党建“红色磁场”
引领企业长足发展

——江苏宿淮盐高速公路管理有限公司

一、基本情况

江苏宿淮盐高速公路管理有限公司（以下简称“宿淮盐公司”）成立于2005年，主要负责盐洛高速公路、长深高速公路、淮徐高速公路、阜溧高速公路四条高速部分路段的运营管理，总里程共计288公里。宿淮盐公司所辖路段连接宿迁、淮安和盐城三市，横贯苏北腹地，与沈海、盐靖、京沪、长深和新扬等多条高速公路相连相交，是

江苏宿淮盐高速公路管理有限公司

苏北高速公路路网“金腰带”。宿淮盐公司现有员工700余名。

宿淮盐公司党委坚持以习近平新时代中国特色社会主义思想为指导，以高质量党建引领推动企业高质量发展，大力培育锻造了“红色磁场”党建品牌，充分迸发党建品牌“五磁五力”效应，推动公司各项工作不断迈上新台阶，为匠心打造国内领先、品质一流的高速公路路网“金腰带”和高质量建成畅行高速、品质高速、安全高速、智慧高速、美丽高速、活力高速的“六大高速”提供了红色引擎。

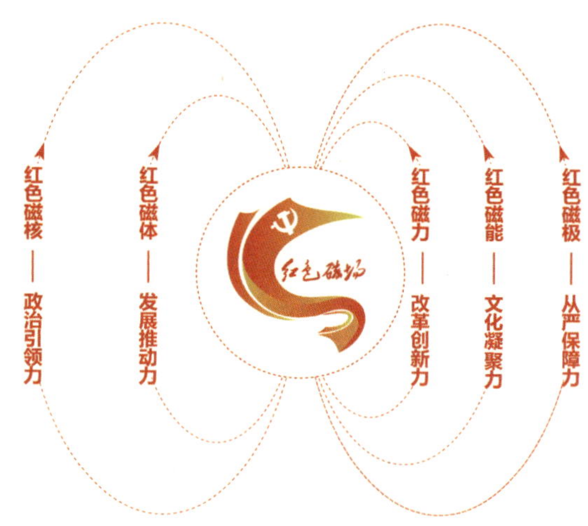

“红色磁场”党建品牌体系

二、经验做法

（一）锻造红色磁核，提升政治引领力

一是推行“1658”党建工作思路。以“抓党建从工作出发、抓工作从党建入手”为总原则，以党的政治建设、思想建设、组织建设、作风建设、纪律建设和制度建设为基石，着力提升党建工作的政治引领力、发展推动力、改革创新力、文化凝聚力、从严保障力，为中心

工作提供“八大保证”。

二是创新“螺旋式循环推进”党建工作法。以问题为导向，按照学习体会、课题验证、措施执行、检查考评、成果转化五个步骤，构成知行合一、循环运行、逐步提升的新型党建工作机制，推动党建工作与中心工作深度融合。

三是建立“力量实效型”党建工作考评体系。以党建工作与中心工作融于一体为考核目标，将党建工作作用于“人”的思想和行为的效果作为重要评分依据，突出“人”在党建工作融入中心中的核心组带作用，形成具有多维特点、立体效果的党建工作考评体系，真正形成抓好党建有责任、融入中心分不开、发挥作用看得见、喜闻乐见受欢迎的工作局面。

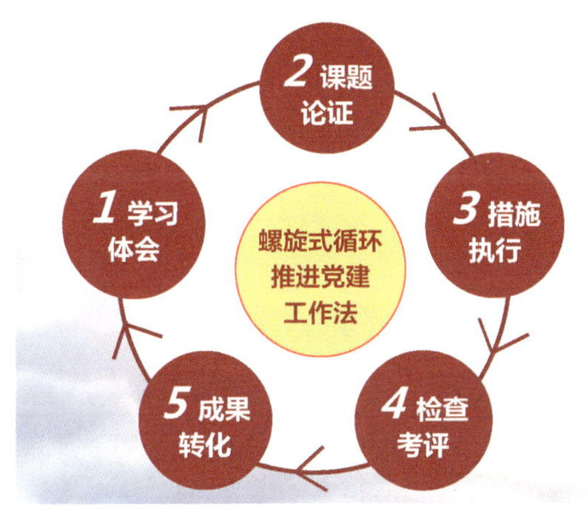

“螺旋式循环推进”党建工作法

（二）锻造红色磁体，提升发展推动力

将党建工作扎进基层，以标准化党支部创新提优为切入点，从头雁领航、安全保畅、特色品牌、健康快乐、价值成长、花园站区六个方面开展“基层党支部6+”建设，通过试点先行、观摩交流、设擂比

武、评比考核等举措，把项目变计划、计划变清单、清单变责任，最终形成支部特色亮点和创建成果，以实实在在的工作成效检验党建工作责任落实成果，推进党建工作由“虚”变“实”。

（三）锻造红色磁力，提升改革创新力

按照“四化五高六平台”功能定位，采取主题式布局逻辑和数字多媒体技术，把传统党建优势搬上云端，创建了5G智慧党建室，打造党建活动新阵地。联合高速交警、综合执法和养护单位，以“责任共担、安畅共保、平台共建、联动共赢”为目标，以“政治理论联学、党员队伍联建、中心工作联促、作风纪律联抓”为主要内容，设立宿淮盐高速“四共四联”党建联盟，打造安全保畅责任共同体。持续开展“十大课题”攻关研究，坚持在党建文化、纪检监察等十个方面，挖掘制约公司高质量发展的短板问题，把问题变课题、课题变措施、措施变成效，切实解决公司运营管理中的重点、难点、堵点问题，通过课题研究提高员工发现问题、研究问题、解决问题能力，发现和培养一大批研究型人才队伍，形成以点带面、逐点开花的人才成长生动局面。

5G智慧党建室

（四）锻造红色磁能，提升文化凝聚力

培育形成以“金色的腰带·生命的彩虹”为核心的“彩虹”文化，设立新时代员工讲习所，在全线积极推行员工价值成长管理系统，以文兴企、凝心聚魂。实施“健康快乐+”十大工程，成立“十大沙龙”，建设满意食堂、健康小屋、温馨宿舍，倾心做好惠民实事。常态化开展“员工一家亲表演节”“技能比武节”“文化艺术节”“趣味运动会”（“三节一会”），每年组织先进职工、“彩虹文化十大践行模范”等评选，大力营造“健康生活、快乐工作”的企业氛围，讲好让高速闪光、让人生出彩、让生活更好的“三个故事”。

（五）锻造红色磁极，提升从严保障力

通过党委会“第一议题”、中心组学习会、个人自学等形式加强理论学习和党性锻炼，促进党委把关定向能力和党委班子决策水平进一步提升。党委、纪委共挑“一根担子”，铆实健全管党治党责任落实体系，紧盯关键少数、重要环节、重点部位、重要项目，开展内部巡察探索实践，抓实风控、审计、法务工作，做严党委督查和作风建设，写好党管干部文章，为企业发展构建风清气正的政治生态。

三、成果成效

（一）组织效能更强

将党的思想政治优势和组织优势转化为企业发展的竞争力，以卓越党建之“帜”引领现代国企之“治”，道路品质持续提升、营运保畅科学高效、内控体系更加精细、服务形象持续变美、文化建设硕果累累。宿淮盐公司先后被评为江苏交控“除冰雪保畅通先进单位”“十三五迎国评工作优秀单位”等，“彩虹文化”品牌荣获江苏

交控企业文化“十佳案例”，6对服务区被江苏省公安厅授予“文明平安服务区”称号。

（二）社会效益更佳

严格落实国家绿色通道、重大节假日小客车免征通行费等惠民政策，积极支持驻村第一书记工作，打造了“七色彩虹”志愿者服务队，常态化做好义务献血、看望敬老院老人、慰问福利院儿童、精准扶贫一日捐等公益活动。联合沿线三地政府高效开展杨树等高杆植物清除行动，完成了近5万棵树木的标识和约2万棵高杆植物的清除工作。与盐城、淮安、宿迁三家社会救援单位签订合作协议，加密清障驻点，建立“以我为主、外协联动”的多级应急救援体系，切实保障了社会公众出行和生命财产安全。将国有企业的党建优势及资源回馈社会，让企业发展成果惠及社会大众，履行了社会责任，提升了企业形象。

（三）员工福祉更优

在红色党建的引领下，实施“味蕾”“馨舍”等十大惠民工程，倾力做好员工健康体检、快乐班车、先进职工疗养、夏季“三送”、困难慰问帮扶等惠民实事，以新时代员工讲习所为载体，500多名员工和40名管理人员得到锻炼，涌现出了“最美中国路姐”刘娟等典型人物。此外，积极为员工提供成长舞台，自2019年以来，宿淮盐公司10多项创新在江苏交控及以上层级获得表彰和推广，先后选拔任用50余名各层级干部，针对工程养护等岗位成功招录多名高知人才，并在生产岗位试行配置综合班长，真正充实了员工快乐“清单”、落实健康“保单”、拓宽满意“菜单”，全体员工归属感更强、获得感更多、幸福感更足。

“红思·路”党建 引领企业治理水平提升

——江苏宁靖盐高速公路有限公司

一、基本情况

江苏宁靖盐高速公路有限公司（以下简称“宁靖盐公司”）成立于1999年2月，负责盐靖高速公路、启扬高速公路（江都至海安段）和阜溧高速公路（兴化至泰州段）的运营管理，管辖里程304公里，现有员工935名。宁靖盐公司所辖路段地处苏中和苏北地区，是新四军曾

江苏宁靖盐高速公路有限公司

经浴血奋战的地方，是孕育革命精神的土壤，拥有丰富的红色教育资源。宁靖盐公司党委充分利用沿线红色资源，建基地、聘讲师、促共建，倾力打造以“传承红色传统、固筑红色堡垒、争做合格党员、争创一流业绩”为核心内涵的“红思·路”党建品牌，让红色基因在高速公路上焕发出独特的生机活力和时代魅力。

二、经验做法

自2018年以来，宁靖盐公司秉承“畅为先，助力经济发展；实为本，传承红色文化”的企业使命，将“红思·路”党建与企业治理水平提升紧密结合，通过激发创新活力、推进深度融合、打造智慧、平安精致、高效、廉洁、幸福的“六大宁靖盐”，有力推动了各项生产经营目标及战略任务完成，为加快转型升级、推动企业发展注入“红色动能”。

（一）激发基层党建工作创新活力

一是打造标准化体系。编制“红思·路”党建管理手册，细化132个“红思·路”党建项目清单，做优红色轨制、红色基地、红色讲堂、红色行动、红色标杆五个“红色载体”，开展“规范三会一课、学习党史军史、打造平台载体、丰富党团日”活动160余场次，举办“红思·路”业务讲堂和国学讲堂12期，组织“做一件小事，为党旗添彩”“真情助困进校园”和“结对帮扶”等行动23次，持续推进党支部标准化“创先提优”工程和“星级党支部”评定，标准化党支部达标率100%。

二是实施项目化管理。分类建立“党建项目库”，精心搭建“红思·路”新时代学习实践中心，建设“清风苑”等基层党建微展馆，升级“美丽宁靖盐”云展厅，举办站区有品牌、管理有品质、环境有品位的“三品”站区主题展览；打造“红思·路”党建、“心享红思·路”企业文化、“廉洁一家”廉政文化、“微·爱”青年志愿服务、工会“心·享”五个5A级认证服务品牌；建设“鹤美盐城西”“悦动党旗”“橙色铁军”“清风”“竹馨”等38个党建子品牌，以品牌建设促进党建工作融入中心、实践创新、服务群众。

“红思·路”新时代学习实践中心

三是构建信息化平台。完善“红思·路”党建云平台功能，丰富“红思·路”微信公众号栏目设置，推进“五个红色载体”管理项目化、台账电子化、工作可视化，实现与江苏交控“先锋荟”云平台衔接互补，让党建融入中心看得见、嵌入管理抓得住。

四是施行可量化考核。建立可视化、可量化、可追溯的“红思·路”党建考核评价体系，在13个三星级以上党支部中试点实施党员积分管理，开展“先锋荟”党建云平台动态巡查2次，运用关键绩效指标考核，鼓励创新创效、培塑标杆示范、系紧群团纽带、严格责任追究。

（二）推进党建与经营管理深度融合

一是让党的组织框架和公司治理结构有机融合。将党组织内嵌到法人治理结构中，健全完善党委顶层设计、董事会决策、经营层实施执行、纪委和监事会监督、各方共同参与支持的“五位一体”治理架构，双向进入、交叉任职的领导体制，以及以职工代表大会为基本形式的民主管理制度，实现“决定、把关、监督”分权而治。

二是让党管干部人才和科学选人用人有机融合。分层打造一支忠诚、干净、担当的干部队伍，分类打造一支公司急需的专业技术人才队伍，全面打造一支靠得住、拉得出、打得响的党员队伍。全力落实选人用人“五管五关”，先后引进2名硕士研究生和1名桥梁工程专业博士，择优转聘15名员工至专业技术岗，16名主管级、19名管理级人员获得岗位晋升。

三是让党委把关定向和治理主体决策有机融合。制定《党委落实全面从严治党主体责任清单》《党委书记抓党建工作责任清单》《党委副书记落实党建工作责任清单》《党支部书记落实基层党建工作责任清单》“四张清单”，明晰党委与董事会、经理层、职工代表大会的权责边界。

四是让党组织监督保障和公司依法治理有机融合。严格落实党风廉政建设党委主体责任和纪委监督责任，把党建考核同领导班子综合评价、经营业绩考核相衔接，巩固“纪检、巡察、审计”联动的党风廉政建设格局。

（三）促进企业转型升级高质量发展

一是建设智慧宁靖盐。建立创新管理体系，改革创新管理模式，打造创新“先锋队”，构建创新人才评价机制，搭建“五位一体”调度指挥中心、综合管理服务数据平台和道路大流量智慧管控系统，以“红色引擎”助推创新成果转化应用。QC活动成果获得省部级奖项16项、国家级奖项1项、国际最高奖1项。

二是建设平安宁靖盐。严格落实疫情防控要求，实施全员健康打卡管控，确保全员“零感染”。创新引入第三方评估与督查，全面加强外协单位安全管理。率先完成独柱墩桥梁安全提升工程并承办江苏交控技术交流会，为同行提供借鉴。编制《内部控制手册》和《风险案例库》。宁靖盐公司被交通运输部评定为一级安全生产标准化企业。

三是建设精致宁靖盐。推进“一站一品”主题文化站区建设，构建覆盖广泛、特色鲜明的群团工作品牌体系，塑造群团特色品牌。深耕“苏式养护”品牌，成功研发日常养护监管、路面养护监管、养护综管平台自动维护等机器人，打造兴化南五星级养护工区。搭建“尽收眼底”的信息化监管平台，优化服务区经营业态，打造“三精”服务区。

四是建设高效宁靖盐。聚焦“生态+能源”融合发展，实施中山杉路沿经济开发“111”党建项目，开发沿线1000亩闲置土地，种植经济苗木中山杉10万棵，实现1亿元创收预期，打造苗木经济产业链。与国网泰州公司合作，在白米服务区建设205千瓦光伏发电站和60千瓦时客户侧储能电站，打造全国首个“近零碳”示范服务区，开辟高质量绿色发展新路。

五是建设廉洁宁靖盐。深化“廉洁一家”文化建设，组织专题警示教育，搭建“三色广场”“清风站区”宣传阵地，建立39个廉洁文化墙，排查542项廉洁风险点，编印《作风效能建设学习手册》《党纪法规学习手册》《廉洁警示教育学习手册》。建立党风廉政和效能监督体系，健全内控合规管理机制，实施党建和党风廉政责任制考核，实行联防联查，形成了审计管“点”、业务部门管“线”、纪委管“面”的大监督格局。

“清风站区”宣传阵地

六是建设幸福宁靖盐。推进“美丽站区，温馨家园”建设，先后完成黄桥、郭村、白米服务区和兴化收费站等11家基层单位4000余平方米房建改造，提优站区绿化环境，打造“五心站区”，建设“五好家园”。开展“走基层、听心声、心连心——我为群众办实事”主题活动，为全线基层单位采购安装41台净水机，更换102套办公桌椅，调整优化5条员工班车路线，试点推行“云消费”点餐系统，全力办好162件实事，员工年收入平均增长10%。举办庆祝中国共产党成立100周年暨“最美宁靖盐人”表彰大会、第三届“三凝杯”集体舞大赛和公司通车运营20周年系列活动，开展建党百年篆刻主题培训、“快乐儿童节”烘焙等活动26次，凝聚员工合力。

三、成果成效

（一）经营管理业绩有亮度

2021年，宁靖盐公司全口径营业收入13.43亿元，实现利润1.6亿元，公司成立20年以来首次实现经营目标考核全口径扭亏为盈，资产负债率稳步下降，经营管理业绩稳步向好。

（二）员工幸福指数有温度

宁靖盐公司坚持为职工群众办实事，精心打造“温馨宿舍”“职工之家”“满意食堂”等关爱平台，全力推动新时代职工队伍建设改革，员工的获得感、幸福感持续增强。宁靖盐公司先后获评“江苏省文明单位”，江苏省、泰州市“优秀劳动关系和谐企业”，泰州市“职工创新专项能级工资集体协商工作5A级示范企业”。

（三）企业文化体系有高度

宁靖盐公司始终坚持以党建引领企业发展、融入中心工作，稳步推进“红思·路”党建品牌落地生根、开花结果。宁靖盐公司连续4年被评为全国交通运输文化、党建文化、廉政文化和创新文化建设优秀单位；“红思·路”党建品牌荣获全省国有企业党建“强基提质”工程创新案例一等奖；“构建‘红思·路’管理模式　打造‘六大宁靖盐’”荣获江苏省国资委系统“以高质量党建引领国企高质量发展100案例”优秀奖。

“党建红”引领 苏式养护“高养橙”

——江苏高速公路工程养护有限公司

一、基本情况

江苏高速公路工程养护有限公司（以下简称“江苏高养”）成立于2001年11月，是一家现代化的高速公路专业养护企业，承担着江苏北片高速公路路网的养护保障工作，服务里程2100公里，包含京沪、连霍、沈海、宿淮盐、盐靖等高速公路的部分路段。江苏高养下辖2个

江苏高速公路工程养护有限公司

子公司、9个二级单位、4个养护基地、22个养护工区，员工总数1150人。目前，江苏高养已初步构建了以“检测—设计—施工—科研—材料”为主要方向的全产业链养护格局。

“橙”色是养护行业的代表色，也是令人感到温暖的颜色。成立以来，公司党委始终坚持党建领航、思政铸魂，让“红色基因”注入养护人“橙色躯体”之中，努力展现信仰的时代力量。然而，随着高速公路养护业务快速发展，无论是公司还是员工，对思政工作都有了更高的期望和要求，江苏高养原有的思政体系和方法逐渐难以适应企业高质量党建的各项要求。为切实做好职工的思想政治工作，江苏高养党委致力打造江苏交控系统首个思政品牌——“三叶一枝花”，以“思想上引领职工，做职工群众的‘红叶’；感情上贴近职工，做职工群众的‘春叶’；工作上依靠职工，做职工群众的‘绿叶’；生活上关心职工，助职工生活遍地开满幸福之‘花’”为主要内容，搭建联系、关爱职工的连心桥，力争为企业党建高质量发展做出贡献。

“三叶一枝花”思政品牌标识与体系图

二、经验做法

（一）扮演“四种角色”，当好职工群众贴心人

江苏高养党委按照《关于新时代加强和改进思想政治工作的意见》要求，以在思想上解惑、精神上解忧、文化上解渴、心理上解压为核心，把思想政治工作贯穿企业发展的全过程，提炼出“五颜六色·十全十美”工作方法，在企业发展中发挥了不可或缺的作用。

一是思想上，扮演好职工群众的“严师”，实施“五颜”工程。思政工作不是简单的学文件、练口号，而是发自内心的以党的先进思想指导职工工作、凝聚职工力量。江苏高养党委围绕在思想上引领职工，做职工群众思想上的“红叶”，扎实开展三会一课、党员活动日、两学一做、党史学习等活动，让职工群众常做红“颜”；常态化开展“为职工群众办实事”活动，让职工群众常解愁“颜”；定期开展迎新春活动、书画作品展、文艺演出，让职工群众常露笑“颜”；开展领导干部下基层、进工地、送关爱活动，走入一线，倾听意见，让职工群众常现欢“颜”；组建微、网、报、屏、讲“五位一体”的宣传矩阵平台，持续加大宣传教育，引导员工明理明智，让职工群众常展和“颜”。

二是感情上，扮演好职工群众的“慈母”，实施“六色”工程。党员干部只有像“慈母”一样，大爱无边，无私奉献，才能融入群众，与群众心连心。江苏高养党委切实维护好职工群众利益，关注职工群众的实际困难，做职工群众感情上的“春叶”。做好暖冬行动、夏季三送，尽展帮扶赤“色”；做好党务公开、厂务公开，尽展公开橙“色”；落实职工代表大会制度，尽展民主蓝“色”；开好职工趣味运动会，尽展健康绿“色”；做到职工诉求渠道畅通，尽展包容青

“色”；创建温馨和睦的“心灵驿站”，尽展关怀黄“色”。

三是工作上，扮演好职工群众的“挚友”，实施“十全”工程。坚持发展依靠职工，像“挚友”一样，荣辱与共、风雨同舟。江苏高养党委围绕“在工作上依靠职工”，做职工群众工作上的“绿叶”。“全”面加强职工技能教育培训，“全”面落实AB岗位管理制度，“全”面打通职工职业成长渠道，“全”面保障职工作业现场安全，“全”面宣传优秀职工先进事迹，“全”面开展职工岗位技能比武，“全”面征集职工合理建议，“全”面覆盖创新创效工作室，“全”面做好工人先锋号建设，“全”面帮助新职工做好传帮带。

四是生活上，扮演好职工群众的“娘家人”，实施“十美”工程。努力把一线职工养护驻地打造成为“快乐工作、健康生活”的实践地，做职工可信赖、可依靠的“娘家人”。江苏高养党委围绕“在生活上关心职工”，助职工生活遍地开满幸福之“花”。以“职工之家”建设为契机让生活变“美”，以“满意食堂”创建为契机让饮食变“美”，以“温馨宿舍”打造为契机让住宿变“美”，以“平安班车”开通为契机让回家变“美”，以心理健康培训为契机让心灵变“美”，以文化阵地建设为契机让思想变“美”，以正确舆论宣导为契机让环境变“美”，以团支部建设为契机让团员青年变“美”，以女工委建设为契机让女职工变“美”，以工会建设为契机让劳动者变“美”。

（二）构建“五大体系”，深化品牌落地落实

一是构建“责任监督”体系。将思想政治工作纳入公司党建工作责任制，列入党组织书记述职考核重要内容，形成“全方位重视、全过程把控、全要素保障”的体制机制。二是构建“全员参与”体系。

努力发挥全体干部职工在思政工作中的作用，组建了一支20余人的思政工作队伍，把人人参与落到实处，激发了职工的自觉意识、责任意识、担当意识。三是构建“高效管理”体系。把品牌建设融入“高效管理提升、创新活动开展、队伍建设工程”全过程，加快推进国企改革措施落地，催生企业发展新活力。四是构建“学用结合”体系。立足贴近实际、活学活用、学用结合，在“用”字上下功夫，开展新闻宣传“实战特训营”，培训一支45人的“笔杆子”队伍，进一步提升宣传队伍思想政治素养，讲好江苏高养故事。五是构建“科学管理”体系。强化价值引领作用，认真研究思政工作规律，印发《三叶一枝花》工作手册500余本，确定品牌考核细则，推动“软任务”转变为“硬指标”，从“被动抓”变为“主动做”。

三、成果成效

在“三叶一枝花”品牌打造的过程中，江苏高养以高质量的思政品牌建设推动公司内部改革发展，进一步讲好“企业有前途、人才有舞台、生活有滋味”三个故事，为企业扬帆远行汇聚动能。

（一）核心能力不断变强

构建了苏北“五地协同”的智能、环保、绿色道路综合养护基地矩阵，形成了集高效、便捷、保障、服务为一体的多功能“方舟”，并投入6700余万元用于设备更新和数智管理，为实现江苏交控大养护产业可持续发展提供坚实有力的支撑和保障。搭建了小微创新管理舞台，完成了20个QC小组的注册和课题立项工作，获得QC优秀成果30项，其中国家级10项。同时，把养护技术创新作为重要的兴企战略，持续攻坚发力，近年来共获得8项省部级奖项、2项江苏省科技进步奖、1项国家级微创新金奖、1项全国性行业协会科学技术奖。

（二）先锋形象不断变美

2021年，在防疫防汛防冰雪第一线，先后成立了32支党员突击队、40个党员先锋岗，执行道路应急保畅任务100余次，在“重、难、急、险”中突出了党组织战斗堡垒作用和党员先锋模范作用。江苏高养围绕发挥榜样力量，用实际行动唱响身边故事，鼓舞了员工士气，激发全员上下一条心、铆足一股劲、拧成一股绳，“三叶一枝花”品牌绽放出了最美风景。

党员突击队

（三）成长通道不断变宽

一是拓宽人才吸收渠道，打造纵向畅通、横向贯通的“人才发展立交桥”。2021年，江苏高养共引进工程、机械等专业人才35名，其中研究生占比超过25%，为企业高质量发展挖掘和培养更多的“实战强兵”。二是打通职业发展通道，开展技术岗后备人才库、副主管后备人才库、中层副职人才库选拔工作，全年完成9名生产岗员工转岗、5名中层后备人才挂职工作，进一步激发了干部职工队伍活力。

（四）职工生活不断变好

在全公司打造了“标准化工区”“温馨宿舍”“满意食堂”等关爱平台载体10余个，覆盖率超75.4%。积极做好“职工之家”、兴趣班组、“心声社区”、趣味运动会、夏季送清凉等惠民实事，发布并完成了两级党组织36项实事清单，进一步提升了职工群众的“幸福指数”。

本章启示

办好国企的事，关键在于党。党兴则国兴，党强则企强。党建工作与生产经营的创新融合，既是党建工作永葆活力的灵魂，也是主责主业久久之功的动力源泉。

赢在一个"实"字。坚持"实"字托底，把握好加强国企党建与企业经营发展的关系，立足当前、着眼长远，在国家大势、经济形势、行业趋势、企业走势中，潜心做好战略研究和顶层设计，把党的领导力转化为现实生产力。

贵在一个"率"字。坚持以身作则，以上率下；坚持身先士卒，身体力行；坚持言行一致，行胜于言；从党员领导干部做起，做到"党委决策在一线、堡垒建立在一线、党员攻坚在一线、党建筑牢在一线"的有机统一。

得在一个"责"字。抓住主体责任这个"牛鼻子"，构建责任分解、责任落实、责任考核、责任追究的有机统一，坚持有权必有责、有责要担当、用权受监督、失责必追究。

成在一个"长"字。思政工作坚持抓常、抓细、抓长，把党建工作渗透到企业"末梢神经"，引导职工群众培育奋发进取、开放包容的积极心态，搭起与职工群众的"连心桥"，奏响集团的"和谐曲"。

POSTSCRIPT | 后记

发展出题目，改革做文章。自国企改革三年行动启动以来，江苏交控以敢为先、干在前的姿态，迈上了深化国企改革探索之路，蹚“深水区”、打“攻坚战”，取得了丰硕的成果，也积累了宝贵的经验。

习近平总书记指出，改革道路上仍面临着很多复杂的矛盾和问题，我们已经啃下了不少硬骨头但还有许多硬骨头要啃，我们攻克了不少难关但还有很多难关要攻克[1]。我们应当温故知新，学思并重，汲取宝贵经验，赓续前行力量。国企改革三年行动深入实施之际，国务院国企改革领导小组办公室贯彻习近平总书记关于推广国企改革典型经验的重要指示精神，开展了“学先进、抓落实、促改革”专项行

[1] 《坚定改革信心汇聚改革合力　推动新发展阶段改革取得更大突破》，来源：《人民日报》（2020 年 12 月 31 日 01 版）。

动。江苏交控在改革过程中也注重打造“改革”品牌，创树先进典型。在国企改革三年行动攻坚收官之际，我们将近年来江苏交控国企改革工作探索实践中的成果和经验以《现代国企的改革探索——江苏交通控股有限公司的实践》一书展示给大家。

问渠那得清如许，为有源头活水来。2021年12月，江苏交控启动了本书编写的相关工作，对全系统国企改革典型经验做法进行了深度挖掘，形成了150余篇优秀案例。编写组秉承实效性、真实性、创新性、典型性原则，经初评、复评、修改、核稿等流程，精选出45篇具有代表性的案例，从5个方面反映了建设国际影响、国内领先的万亿综合交通产业集团，争当国企改革“尖子生”“排头兵”的革新与奋斗历程。其中既有科学清晰的顶层设计，也有落细落小的项目创新，既有改革发展的理论研究，也有实践探索的经验集成。为便于理解，编写组将江苏交控推动改革的思路、举措和经验进行梳理提炼，形成了各章导言和启示。希望本书能引起读者的浓厚兴趣，探究江苏交控一份份“改革答卷”背后的精彩故事。

本书在江苏交控党委的领导下，由企管法务部牵头组织编写。在审稿过程中，得到了江苏省综合交通运输学会和江苏省国资委、发改委、交通运输厅、工信厅、人社厅、财政厅的悉心指导和帮助。我们向关心本书出版的各级领导和参与撰稿、编辑、出版的单位和个人表示衷心感谢。特别感谢江苏省国资委李秀斌先生、刘伟先生以及江苏交控丁国振先生，他们在本书统稿过程中提出了重要指导意见和建议。

由于时间仓促、水平有限，本书难免有失误与欠妥之处，恳请读者指正批评。

本书编写组

2022年7月